차세대 리더의 ESG 핵심 가이드

ESG마인드 자격검정 표준교재

COLiVE ESG실천본부, 한국환경산업협회 공저

이프레스

발/간/사

대학은 우리 사회가 직면한 문제를 해결하는 데 중추적인 역할을 해야 하며, 혁신적인 가치 창출과 도전정신, 새로운 시대의 요구에 부응하고 빈부 격차, 고용 불안, 고령화 같은 사회 문제를 해결하는 데 도움을 주어야 합니다. ESG도 마찬가지입니다. ESG는 환경(Environmental), 사회(Social), 지배구조(Governance)의 영문 첫 글자를 조합한 단어로 현재 세계 경제 중심에 있습니다. ESG는 정치, 사회, 경제 모든 분야에서 들을 수 있는 단어지만 정작 어디서부터 어떻게 시작할 지는 막막하다는 지적도 있습니다.

이와 관련하여, 전문대학평생직업교육협회(COLiVE)에서는 〈ESG마인드〉 자격검정제도를 도입하게 되었습니다. 이 자격은 앞으로 대학생과 중고생들이 전문인력으로 성장하는 데 꼭 필요한 ESG의 기본지식과 지역사회에서 ESG를 확산하고 실천하는 데 목적을 두고 추진하였습니다.

〈ESG마인드〉 자격시험은 ESG 기본개념, ESG 기본 용어, ESG 실행 및 실천으로 구성되어 있습니다. COLiVE에서는 지난 2월 ESG 민간자격 추진위원회를 구성하였고, 3월부터 〈ESG마인드〉 민간자격 개발에 착수해 지난 5월 산업통상자원부의 승인을 받아 민간자격으로 등록된 바 있습니다.

첫 사업으로 이번에 출판하는 교재가 ESG에 대한 깊은 이해를 제공하고, 미래사회의 지속 가능한 발전을 이끌 인재를 양성하는 데 역할을 할 수 있기를 기대합니다. 국가 경제의 성공은 국내총생산(GDP)의 규모에만 달려 있는 것이 아니라. 번영을 골고루 누리게 하고 의욕을 가진 모든 이들에게 기회를 줄 수 있는 능력을 키워내는 것입니다. 이것이 바로 대학이 추구해야 할 사회적 책임이 아닌가 싶습니다.

끝으로 COLiVE는 우리 사회가 지향해야 할 지속가능한 미래의 비전을 제시하고, 그를 위한 구체적인 전략과 방안을 제공할 수 있도록 노력하며, 특정집단의 사익(私益)이 아닌 다음 세대, 특히 청년세대를 위해 공익(公益)과 국가사회 발전에 기여하는 사회적 가치를 추구해 나가도록 최선을 다하겠습니다.

2024년 7월 10일

사단법인 전문대학평생직업교육협회

회장 남 성 희

머/리/말

ESG는 Environmental, Social, Governance의 첫 글자를 딴 약자로 기존의 지속가능 경영이나 기업의 사회적 책임이 확장된 개념으로 볼 수 있습니다.

ESG는 과거 기업에서 재무적 성과만을 판단하던 기준에서 벗어나 이제는 환경문제와 사회문제까지도 관심을 가지고 지속가능성을 제고해야 한다는 경영철학을 담고 있습니다. 이미 유럽연합이나 미국 등 선진국에서는 기업의 비(非)재무적 성과를 판단하는 기준으로 자리를 잡아가고 있습니다. 우리나라에서도 2026년부터 자산총액 2조원 이상의 유가증권시장 상장사는 ESG 공시가 의무화되며 2030년까지는 모든 코스피 상장사로 확대될 전망입니다.

우리가 실천해야 할 ESG 내용을 보면, 우선 Environmental(환경) 측면에서는 기후변화, 탄소중립, 환경오염 완화를 위한 자원과 폐기물 관리 그리고 에너지 효율화가 중요한 이슈로 부각되고 있습니다. 대학 차원의 환경 측면에서는 △캠퍼스 내 나무심기 △생활 속 일회용품 줄이기 △업사이클링(upcycling) △쓰담 달리기 운동 등을 쉽게 실천할 수 있습니다.

Social(사회) 측면에서는 데이터 보호, 인권보장과 성별 그리고 다양성의 고려, 지역사회와의 협력관계 구축에 힘써야 합니다. 사회와 얼마나 적절한 관계를 구축하고 있는지가 핵심 사안입니다. 이제는 소비자와 투자자가 사회에 유익을 주는 기업에 관심을 보이기 시작했습니다. 대학 차원의 사회 측면에서는 △교육봉사 △대학생 농촌일손 돕기 △대학생 동아리 재능기부 △대학생 사랑의 헌혈캠페인 전개 △대학생·대학 교직원 등을 위한 인권센터 운영 등을 실천할 수 있습니다.

Governance(지배구조) 측면에서는 투명하고 신뢰도 높은 이사회 구성과 활동, 투명성이 높은 감사제도 운영을 들 수 있습니다. 최대한 부패를 방지하고, 기업윤리를 준수함으로써 높은 지배구조 가치를 확보하기 위한 것입니다. 대학 차원의 지배구조 측면에서는 △청렴한 대학문화 조성 △성희롱·성폭력에 대한 인식개선 및 예방교육 △구성원 소통 네트워크 강화 △교직원 공개채용 및 처우개선 등을 실천할 수 있습니다.

이와 관련하여, 이번 교재는 ESG에 대한 기초 지식을 제공하고, 실질적인 도움을 주기 위해 집필한 것입니다. 세부적인 내용을 보면, 제1장에서는 ESG의 기본 개념을 소개하고, 제2장에서는 ESG 관련 용어와 약어 설명을 통해 이론적 지식과 실무적인 노하우를 습득할 수 있도록 구성하였고, 제3장에서는 ESG를 실행하기 위한 법규와 가정 및 기업에서 적용할 수 있는 실천 방안을 다루고 있습니다.

이제 ESG는 선택이 아니라 필수가 되었습니다. ESG에 대한 관심과 기본 개념은 반드시 알아야 합니다. 이 교재를 통해 ESG에 대한 이해뿐 아니라 실제로 어떻게 적용할 수 있는지에 대한 방법을 배울 수 있기를 기대합니다. 끝으로, 이 책이 출간될 때까지 마음을 다하여 주신 모든 분들께 깊은 감사를 드립니다.

2024년 7월 10일

대표저자 한광식, 강수진

ESG마인드 자격검정 안내

1. 자격 소개

〈ESG마인드〉 자격검정은 지속 가능한 미래*를 위한 중요한 발판으로서, 산업체에서 요구하는 ESG 기본원칙과 핵심역량을 발전시키고 이를 지역사회 내 일상과 직장생활에서 실천하는 실천가를 양성하기 위함이다.

*지속 가능한 미래는 우리가 지금 생활하고 있는 방식이 앞으로도 계속 가능하도록, 환경을 보호하고, 사회를 더 좋게 만들며, 경제적으로도 안정된 상태를 유지하는 것이다.

2. 자격증의 필요성

■ 미래 직업 세계에서의 경쟁력 확보

- ESG는 환경(Environmental), 사회(Social), 지배구조(Governance)의 약자로 많은 기업들이 지속 가능성을 중시하면서, ESG 원칙을 잘 이해하고 실천할 수 있는 인재를 찾고 있음
- 〈ESG마인드〉 자격증을 취득하면, 이러한 기업에서 필요로 하는 중요한 역량을 갖추게 되어, 취업 시 큰 경쟁력을 확보할 수 있음

■ 실질적인 사회 기여

- 지역사회와 직장에서 긍정적인 변화를 이끌어내는 실천가가 되어 작은 실천이 모여 큰 변화를 만드는 데 기여할 수 있음

■ 지속 가능한 미래를 위한 준비

- ESG 원칙은 앞으로의 생활과 직장생활에서 지속 가능한 방식을 추구하는 데 큰 도움이 되고 관심 있는 분야에서 지속 가능한 미래를 위한 일에 참여할 수 있는 기회를 제공하여 다음 세대에도 긍정적인 영향을 미침

3. 자격 취득 후 확보 역량

■ 환경보호 실천 능력

- 환경보호의 중요성과 기본원칙을 이해하고 이를 실천하는 기초적인 능력을 갖춤
- 재활용을 잘 하고 에너지 절약방법을 이해

■ 사회적 책임 수행력

- 사회적 책임의 중요성을 이해하고 이를 실천하는 기초적인 능력을 확보
- 공정하게 행동하고 지역사회 봉사활동에 참여하는 방법을 배움

■ 윤리적 기업운영 역량
- 투명하고 윤리적인 경영의 중요성을 이해하고 이를 실천하는 기초적인 능력을 배양
- 정직하게 행동하고 규칙을 잘 지키는 방법을 배움

■ ESG 기초 전략 수립 능력
- ESG 전략의 기본개념을 습득하고 이를 기업이나 조직에서 적용하는 방법 이해
- 기본적인 ESG 목표 설정과 이를 달성하기 위한 기초적인 계획 수립

4. 자격 취득 후 진로

■ 기업의 환경 및 사회책임 부서
■ 지역사회 및 비영리단체
■ 공공기관 및 지방자치단체
■ 교육 및 홍보 분야
■ 중소기업의 ESG 관련 업무 지원

5. 자격취득 절차

자격과정 교육 이수	▶	자격검정 시험응시	▶	합격	▶	등록	▶	자격취득

6. 응시정보

■ 응시자격 : 제한 없음
■ 시험방법 : 필기시험(객관식 4지선다, OX문제, 단답형)
■ 시험준비물 : 수험표, 신분증, 필기도구
■ 응시료 : 110,000원(기본 강좌 수강 필수)

7. 시험내용

시험과목	문항수	배점	시험시간
ESG 기본 개념	40문항	100점	50분
ESG 기본 용어			
ESG 실행 및 실천			

■ 합격자 결정 : 100점 만점 기준 60점 이상

차/례

Chapter 03 ESG 실행 및 실천

부록

참고자료

제1장
ESG 기본 개념

1. ESG 정의

ESG는 환경(Environmental), 사회(Social), 기업을 운영하는 의사결정구조(Governance)라는 세 가지 큰 주제를 합친 단어로, 기업이 우리 사회와 지구에 미치는 영향을 생각하며 어떻게 좋은 일을 할 수 있을지를 고민하는 방식을 말한다. 환경(Environmental)은 기업이 환경을 보호하기 위해 어떤 노력을 하고 있는지를 나타내는 것으로 예를 들어, 공기와 물을 깨끗하게 유지하고, 쓰레기를 줄이며, 자연과 동물을 보호하는 일들이 여기에 포함된다. 사회(Social)는 기업이 사람들과 공동체에 긍정적인 영향을 주기 위해 노력하는 것으로 직원들에게 좋은 근무 환경을 제공하고, 지역 사회를 돕고, 모든 사람이 공평하게 대우받도록 하는 활동들이다. 기업을 운영하는 의사결정구조(Governance)는 지배구조라고도 하며 기업이 어떻게 운영되는지, 그 운영이 정직하고 투명한지를 나타내는 것으로 기업이 어떻게 결정을 내리고, 모든 사람이 그 결정 과정에 공정하게 참여할 수 있도록 하는 것이다.

기업 입장에서 ESG는 단순히 좋은 일을 하는 것을 넘어서, 기업이 장기적으로 성공하고 지속 가능하게 성장할 수 있도록 돕는 중요한 역할을 한다. 재무제표에 바로 보이지 않는다고 해도, ESG 활동은 기업의 이미지를 좋게 하고, 더 많은 고객과 투자자를 끌어들이며, 결국에는 기업의 가치를 높일 수 있다. 예를 들어, 환경을 생각하는 기업은 장기적으로 비용을 절약할 수 있고, 사회적 책임을 잘 지키는 기업은 사람들에게 더 많은 신뢰를 받게 되며, 운영을 투명하게 하는 기업은 더 많은 투자를 유치할 수 있어 ESG는 기업이 더 좋은 미래를 만들어 가는 데 중요한 역할을 한다.

정리하면 ESG는 '환경(Environmental), 사회(Social), 기업을 운영하는 의사결정구조(Governance)'라는 세 단어의 앞 글자를 따서 만든 용어로 간단히 말해서, ESG는 기업이 얼마나 환경을 보호하고, 사회적 책임을 지며, 투명하고 공정한 방식으로 운영되는지를 나타내는 지표이다. ESG의 진정한 의미는 지속가능성, 기업가치, 그리고 비재무적 성과지표이다.

첫째, '지속가능성'은 ESG는 기업이 오랫동안 계속해서 성장하고 발전할 수 있는 방법에 대해 중점을 두고 있다. 환경을 보호하고 사회적 책임을 다함으로써, 기업은 미래에도 계속해서 사람들과 환경에 긍정적인 영향을 미칠 수 있게 된다.

둘째, '기업가치'는 기업이 얼마나 가치가 있는지, 즉 그 기업이 장기적으로 얼마나 성공할 수 있을지를 나타내는 것으로 ESG를 잘 실천하는 기업은 사람들로부터 더 많은 신뢰와 지지를 받게 되며, 이는 결국 기업의 가치를 높이는 데 기여한다.

셋째, '비재무적 성과지표'는 돈으로 측정할 수 없는 기업의 성과를 말한다. 예를 들면, 기업이 얼마나 환경을 보호하고 있는지, 직원들과 지역사회에 얼마나 긍정적인 영향을 미치고 있는지 등은 재무제표에는 나타나지 않지만, 기업의 장기적인 성공에 매우 중요한 요소이다.

이렇게 ESG는 단순히 기업이 환경을 보호하고, 사회적 책임을 지며, 투명한 운영을 하는 것을 넘어서, 기업이 장기적으로 지속 가능하고 가치 있는 성장을 할 수 있도록 돕는 중요한 역할을 하기 때문에 ESG는 기업뿐만 아니라 우리 모두의 미래와 밀접하게 연결되어 있다.

과거에는 기업가치를 평가할 때 재무제표와 같은 정량적 지표가 주로 사용되었다. 이러한 지표들은 기업의 수익성, 자산[1], 부채[2]와 같은 재무 상태를 나타내며, 투자자들이 기업을 평가하는 데 중요한 기준이 되었지만 최근 몇 년간 전 세계적인 기후변화 위기와 팬데믹 같은 글로벌 이슈들을 겪으면서, 기업가치를 평가하는 데 있어 비재무적 가치의 중요성이 커지고 있다.

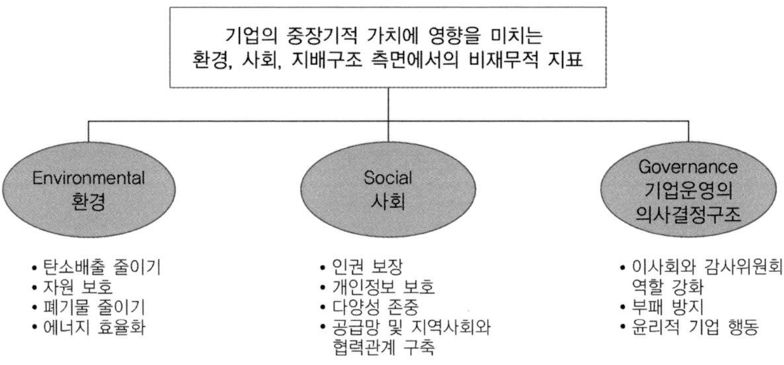

[그림 1-1] **ESG의 구성요소와 개념**

ESG(Environmental, Social, Governance: 환경, 사회, 기업을 운영하는 의사결정구조)는 바로 이런 비재무적 가치를 평가하는 핵심 요소로 '지속가능성'이라는 용어가 시사하듯, 기업의 중장기적 가치에 영향을 미치며, 단기적인 재무 성과만큼 중요하다. 전 세계적인 패러다임이 환경과 사회적 가치를 중시하는 방향으로 변화하면서, 기업의 장기적 생존과 번영에 직결되는 핵심가치로 자리잡고 있다.

ESG를 세부적으로 살펴보면, 환경(E) 측면에서는 기후변화와 탄소배출이 핵심 이슈로, 기업은 탄소배출을 줄이고 궁극적으로 탄소 중립을 달성하기 위한 노력을 하고 환경오염 완화를 위해 자원 및 폐기물 관리, 에너지 효율화에도 주력해야 한다.

사회(S) 측면에서는 기업이 인권[3]을 보장하고, 개인정보 보호, 다양성 존중, 공급망[4] 및 지역사회와의 협력적 관계 구축에 힘써야 한다. 이는 기업이 사회적 책임을 다하고 지속 가능한 관계를 유지하는 데 필수적이다.

기업을 운영하는 의사결정구조(G) 측면에서는 환경과 사회가치를 지키기 위한 기업의 노력을 지원하는 투명하고 신뢰할 수 있는 경영구조가 중요하며 이는 효과적인 이사회[5] 운영, 감사위원회의[6] 역할 강화, 부패 방지, 윤리적 기업 행동을 통해 달성할 수 있다.

결국, ESG는 기업이 단기적인 이익을 넘어 장기적으로 지속 가능하고 책임 있는 방식으로 운영되도록 하는 데 중점을 두는 것으로 기업뿐만 아니라 전체 사회와 환경에 긍정적인 영향을 미치며, 기업의 장기적 가치를 높이는 데 기여한다. ESG는 단순한 추세가 아니라, 앞으로의 기업 운영과 가치 평가에 있어 필수적인 요소가 되었다.

2. ESG 이슈와 필요성

2.1. 투자자의 ESG 요구 증대

기업의 ESG 활동이란, 기업이 환경을 보호하고, 사람들에게 좋은 영향을 주며, 기업을 투명하고 정직하게 운영하는 것이다. 이런 활동은 기업뿐만 아니라 많은 사람들과 연결되어 있다. 예를 들면, 우리가 자주 가는 슈퍼마켓이나 우리가 입는 옷을 만드는 곳도 이런 ESG 활동을 해야 한다. 요즘처럼 날씨 변화가 크고, 팬데믹 같은 바이러스가 돌 때, 사람들은 기업이 이런 문제에 관심을 가지고 해결하기 위해 얼마나 노력하는지 더 많이 관찰하게 된다. 기업에 돈을 투자하는 사람들이나, 기업에서 물건을 사는 고객들, 그리고 정부나 신용을 평가하는 기업들도 회사가 ESG를 잘 실천하는지 유심히 살펴보고 있다.

스튜어드십 코드(Stewardship Code)는 기업에 돈을 투자하는 큰 기관들이 기업의 중요한 결정에 참여하고 의견을 내는 것으로 마치 학교에서 학생회가 학교의 중요한 일에 목소리를 내는 것과 비슷하다. 과거에는 이런 큰 기관들이 비용이 많이 들거나 여러 가지 문제로 인해 기업의 일에 크게 관여하지 않았지만, 2008년에 글로벌 금융위기가 일어나자 사람들은 기관투자자들이 기업을 잘 감시하고 조언해야 한다고 생각하기 시작했다. 그래서 영국에서 2010년에 처음으로 규칙을 만들었고, 우리나라에서는 2016년에 비슷한 제도를 만들어 2018년부터 적용하기 시작했다. 이제는 보험사나 자산을 관리하는 기업들도 이 규칙을 따르고 있고, 그만큼 기업을 운영하는 데 이런 큰 기관들의 역할이 더 중요해지고 있다.

블랙록은 세계에서 아주 큰 돈을 관리하는 기업으로 그들은 자신들이 투자한 기업들이 환경을 보호하고, 사람들을 잘 대우하며, 기업 운영을 투명하게 하는지 잘 살펴보고 있다. 만약 그렇지 않다면 블랙록은 "우리는 너희 회사 운영 방침에 찬성하지 않아"라고 말할 수 있는 투표권을 가지고 투자에 반대의견을 행사할 수 있다. 주유소를 운영하고 석유를 만드는 엑슨모빌이라는 회사를 예를 들면, 블랙록은 엑슨모빌이 환경에 해를 끼치지 않도록 더 잘 신경 쓰고, 그 영향을 사람들에게 잘 알려야 한다고 생각해서 엑슨모빌 회사의 중요한 결정을 내리는 사람들이 다시 기업을 운영할 수 있도록 하는 것에 반대표를 던졌다. 또한 기업의 대표(CEO)와 회사를 감독하는 사람(이사회 의장)이 같은 사람이면 안 된다고 생각해서, 두 역할을 나누자고 제안했고, 이에 찬성표를 던졌다. 블랙록은 엑슨모빌 외에도 환경오염 개선 활동이 부족하다는 이유로 볼보 등 35개 기업에게 투표권을 행사했다.

이와 같이 투자자들은 돈을 어디에 투자할지 결정할 때도 ESG를 염누에 누고 있다. 그늘은 세상에 나쁜 영향을 미치는 제품을 제조하는 기업에는 투자하지 않으려고 한다. 예를 들어, 담배를 만드는 기업이나 무기를 제조하는 기업 같은 곳은 '투자하지 않기' 목록에 올려서 돈을 주지 않기로 하고 이걸 '네거티브 스크리닝(Negative Screening)'이라고 한다.

그리고 투자할 때 돈을 벌 수 있을지, 기업이 미래에도 계속 잘 성장할 수 있을지 결정하는 데 ESG를 중요하게 생각하고 있다. 투자자들이 ESG를 고려해서 진행하는 투자액은 지속적으로 증가하고 있다. ESG를 고려하여 투자하는 것을 'ESG 통합 전략'이라고 하며 이 방법은 기업이 돈을 어떻게 버는지, 사람들과 환경에 어떤 영향을 미치는지를 함께 생각해서 투자 결정을 내리는 것이다.

이 모든 것은 사람들과 지구가 더 오래, 더 건강하게 살 수 있도록 기업들이 좋은 일을 하게 만드는 데 도움을 주는 것이다.

ESG는 기업이 환경을 지키고, 사람들을 잘 대하며, 잘 운영되고 있는지를 보는 중요한 기준이다. 큰돈을 운영하는 투자자들은 ESG를 잘 지키지 않는 기업들에게 투자하지 않는 사례가 많아졌다.

apg 네덜란드 연기금	• 에어버스 필립모리스 등 159개 기업 무기 제조 및 담배 판매 등의 이유로 투자 배제
NORGES BANK INVESTMENT MANAGEMENT 노르웨이 연기금	• 듀크에너지, 콜이디아(Coal India) 환경 파괴 때문에 투자 배제
Vanguard 뱅가드	• 차이나 모바일, 차이나 유니콤, 차이나 텔레콤 중국 군수 관련 기업 투자로 주식 매도

[그림 1-2] **투자자의 투자 배제 사례**

예를 들어, 네덜란드 연기금(APG)은 에어버스나 필립모리스 같은 159개 회사에 투자하지 않기로 결정했다. 왜냐하면 그 회사들이 무기를 만들거나 담배를 팔아서 돈을 버는데 이것은 ESG 기준에 맞지 않다고 판단했기 때문이다. 노르웨이 연기금(NBIM)도 비슷한 결정을 했는데 환경을 해치는 일을 하는 듀크에너지나 콜인디아(Coal India)라는 회사에는 투자하지 않기로 결정했다. 뱅가드(Vanguard)는 중국의 군수 관련 회사에 투자한 돈을 뺐다. 뱅가드는 차이나 모바일, 차이나 유니콤, 차이나 텔레콤이 군사와 관련된 일을 하고 있기 때문에 투자를 하는 것이 좋지 않다고 판단하여 주식을 매도했다.

투자자뿐 아니라 유럽에 있는 은행들은 회사에 돈을 빌려줄 때 ESG를 중요하게 고려하여 회사가 새로운 대출을 받거나 기존의 대출을 갱신할 때, ESG 실행정도를 확인하고 이자율을 결정한다. 환경을 잘 보호하고, 사람들을 잘 대하며, 회사 운영을 투명하게 하는 회사는 더 낮은 이자로 돈을 빌릴 수 있게 되었다.

이렇게 대출조건과 투자여부를 정하는 것은 회사가 사업을 운영하는 방법에 큰 영향을 미친다. ESG를 잘 지키는 회사는 많은 사람들로부터 좋은 조건의 대출과 투자를 받을 수 있어서, 앞으로도 잘 성장할 수 있게 된다. 그래서 회사도 ESG를 중요하게 생각하게 되었다.

2.2. 고객의 ESG 요구 증대

최근 글로벌 기업들은 지구를 보호하고, 모든 사람들을 잘 대우하며, 올바르게 운영되는 'ESG'라는 중요한 규칙을 이행하고 있다. 기업들이 제품이나 서비스를 만들기 위해서는 다른 회사들의 도움이 필요한데, 이를 '공급망'이라고 한다. 만약 이 공급망에 있는 회사들 중에 ESG 규칙을 잘 따르지 않는 회사가 있으면, 큰 기업들은 ESG를 준수하지 않는 회사들과 거래를 하지 않으려고 할 것이다.

Apple	TESLA	BASF
Carbon Neutral • 협력회사 청정 에너지 프로그램(2030년까지 협력회사 100% 재생에너지로 제품 생산) • 행동 수칙 마련 및 평가	 • 콩고에서 생산된 코발트를 사용하지 않겠다고 선언	Supplier Code of Conduct • 행동강령을 12개 언어로 번역하여 협력회사에 제공 • 협력회사의 ESG 표준 준수 의무화

[그림 1-3] 글로벌 기업의 ESG 공급망 관리 사례

예를 들어서, 애플(APPLE)도 ESG를 기반으로 공급망을 관리할 것이라고 주장하고, 애플은 2030년까지 자사의 모든 사업 활동, 공급망, 제품 수명 주기에서 탄소 중립을 달성하겠다는 목표를 세우고 재생 가능 에너지 사용을 확대하고 있다. 그래서 2030년까지 애플과 일하는 모든 협력 회사들이 환경을 생각하는 재생에너지(renewable energy)만 사용해서 제품을 만들겠다고 선언을 했다. 최근 혁신적 설계와 재생 에너지 사용을 통해 75% 이상의 탄소배출을 줄인 애플워치를 세계 최초 탄소 중립 제품으로 출시했다. 이를 달성하기 위해서 가죽 사용을 중단하고 재활용 소재의 사용을 늘려 제품의 환경 영향을 줄이기 위해 노력하고 있다. 그리고 협력회사들이 사람들을 잘 대우하고 건강하게 일할 수 있는 환경을 만들기 위해 노력하도록 지원[7] 하고 있다. 코발트(cobalt)

는 휴대폰이나 전기차 배터리를 만드는 데 꼭 필요한 광물이다. 콩고는 어린아이들이 코발트를 채굴하는 현장에서 일을 하고 있다. 글로벌 기업인 애플, 구글, 마이크로소프트, 테슬라 그리고 델은 이런 문제로 큰 비판을 받았고, 심지어 법적인 문제에도 휘말렸다. 이런 일이 발생하자, 테슬라(TESLA)는 "우리는 코발트를 사용하지 않겠다"라고 선언(cobalt free)을 했다. 테슬라는 코발트가 배터리 성능을 높이는데 도움이 되지만, 채굴 과정에서 환경오염과 인권 문제가 발생할 수 있다는 점에서 코발트가 들어가지 않은 니켈 배터리(Nickel-based battery)를 개발하고 있다. 니켈은 코발트보다 가격이 저렴하고 환경영향도 적다. 이를 통해 테슬라는 배터리 원료 조달 과정에서 발생할 수 있는 환경 및 인권 문제를 해결하고 배터리 원료 가격 변동에 따른 리스크를 줄일 수 있어 전기차 가격 인하에도 도움이 될 것으로 기대하고 있다. 바스프(BASF)는 세계에서 가장 큰 화학 회사로 협력회사들이 직원들을 잘 대우하고 건강하게 일할 수 있는 환경을 만들기 위해서 ESG 규칙이 담긴 '행동강령'을 12개 언어로 번역해서 협력회사에 따르도록 요구하고 있다. '행동강령'에는 협력회사들이 지켜야 할 노동권, 인권, 건강, 환경보호 등의 규칙이 담겨 있다. 바스프는 협력회사들이 '행동강령'을 잘 지키고 있는지 정기적으로 평가하고 개선 방안을 제시하고 있다. 이를 통해 바스프는 공급망 전체에서 직원들의 권리와 건강, 환경을 보호하고자 한다.

2.3. 기업 평가에 ESG 반영

신용평가기관[8]에는 무디스(Moody's), 피치(Fitch Ratings), 그리고 S&P(Standard & Poor's)와 같은 기업들이 있는데, 이들은 기업이 돈을 버는 능력뿐만 아니라 환경을 어떻게 보호하고, 사람들을 어떻게 대우하며, 사업을 어떻게 책임감 있게 운영하는지에 대해서 '등급'을 제시한다. 즉, 환경(Environmental), 사회(Social), 기업을 운영하는 의사결정구조(Governance)의 약자인 ESG를, 기업이 얼마나 잘하고 있는지를 평가에 반영하고 성적표에 등급을 제공하는 것이다.

환경(Environmental)은 기업이 자연을 어떻게 보호하는지. 예를 들어, 공기를 오염시키거나 너무 많은 물을 사용하진 않는지 등이다.

사회(Social)은 기업이 사람들, 예를 들어 직원이나 고객을 어떻게 대하는지. 기업이 공정하고 친절한지를 판단하는 것이다.

기업을 운영하는 의사결정구조(Governance)는 기업 운영 방식, 기업이 정직하고 모두에게 좋은 결정을 내리는지 여부이다.

기업들이 ESG 분야에서 잘하지 못하면, 마치 성적표에서 나쁜 성적을 받는 것과 같다. S&P 글로벌과 같은 '선생님'들은 회사가 환경을 너무 많이 오염시키는 것을 발견하면 회사의 등급을 낮출 수 있다. 예를 들어, 듀크 에너지는 석탄 발전소에서 너무 많은 석탄재를 배출한다는 이유로 'A-Stable(안정적)'에서 'A-Negative(부정적)'로 등급이 조정되었다. 이는 학교에서 숙제를 내지 않아 성적이 하락하는 것과 유사한 개념이다.

신용평가기관들은 ESG가 기업이 자신의 미래와 지구의 미래를 생각하고 있는지를 보여주기 때문에 ESG에 더 많은 주의를 기울이고 있다. 기업은 ESG를 더 잘 이해하기 위해 전문가들을 고용하기도 한다. 한국의 사례로 한국신용평가는 한국중부발전이 발행한 59번째 공모채권(지속가능채권)을 평가하기 위해 ESG 채권 인증평가 프로젝트를 처음으로 시작했다. 한국신용평가는 기업의 지속 가능한 관리와 기후 변화 완화 및 대응에 대한 기업의 약속이 반영되었는지를 평가했다. 이와 같은 사회적 추세는 기업의 ESG 관리가 금융 위험을 넘어 신용 위험에도 영향을 미칠 수 있음을 보여주는 것이다.

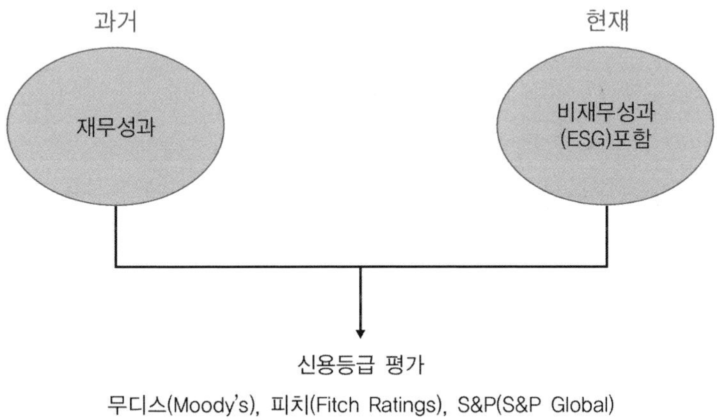

[그림 1-4] **신용등급에 ESG 반영**

2.4. 정부의 ESG 활동 요구 증가

ESG에 초점을 맞춰 기업이 지구와 사회에 대한 책임을 더 많이 참여하도록 하기 위해 전 세계가 다양한 노력을 하고 있다. 2006년 유엔 책임투자원칙(UN PRI)는 환경, 기업이 사람을 대하는 방식, 기업을 운영하는 방식 등을 고려하는 투자 원칙을 수립하여 ESG를 향한 큰 변화가 시작되었다. 이후, 유럽은 은퇴 후 생활을 위해 돈을 저축하는 연기금을 시작으로 은행, 보험 회사, 많은 돈을 관리하는 자산운용회사들이 ESG 영역에서 기업들이 어떻게 하고 있는지 공유하도록 요청하기 시작했다. 영국은 2025년까지 주식을 주식시장에 상장한 기업들에게 ESG를 어떻게 활용하고 있는지 모든 사람에게 알려야 한다는 목표를 수립했다.

한국도 이와 같은 움직임에 동참하여 2019년부터 한국 증권거래소에 상장된 대기업들은 ESG의 일부인 기업을 운영하는 의사결정구조(G) 측면에서 어떻게 하고 있는지 의무적으로 보고해야 한다. 2021년에는 우리나라도 한 단계 더 나아가 기업들이 의사결정구조뿐만 아니라 환경적, 사회적 노력에 대해서도 점차 공유할 수 있도록 할 계획이라고 했다. 한국은 2030년까지 대기업뿐만 아니라 모든 증권거래소 상장기업이 ESG 정보를 공유하는 것을 목표로 하고 있다.

그리고 2015년 파리 협약이 있다. 전 세계 국가들은 지구의 온도가 산업화 이전 대비 2℃보다 낮은 수준인 1.5℃ 이내로 제한하자는 약속을 했고, 5년마다 지구 온도가 너무 올라가지 않도록 어떤 활동을 계획하고 실행했는지 확인하기로 합의했다. 이 목표를 달성하기 위해서는 2050년까지 이산화탄소 총배출량이 0(Net Zero)이 되어야 한다. 유럽 연합(EU)은 2050년까지 순 탄소 배출을 0으로 만들겠다고 선언하고 탄소국경세를 도입하여 2026년 1월부터 탄소세를 부과할 예정이다. 즉, 유럽 연합(EU)보다 지구에 해로운 방식으로 제품을 생산하는 경우, 다시 말해 탄소를 많이 배출한 국가의 제품이 유럽에서 판매되려면 유럽보다 많이 배출된 탄소의 양만큼 세금을 내야 하는 제도이다.

세계 최대 탄소 배출국인 중국도 탄소를 낮추기 위해 노력하고 있으며 탄소를 많이 배출하는 기업에게 탄소배출량을 작성하여 보고하도록 하고 있다. 이를 위반하게 되면 1만 위안에서 3만 위안의 벌금이 부과된다.

기후위기에 대한 심각한 위협으로 전 세계적으로 탄소국경세가 확산되고 있으며, 미국의 바이든 대통령도 탄소국경세 도입을 약속해 전 세계무역 흐름에 큰 변화가 예상된다.

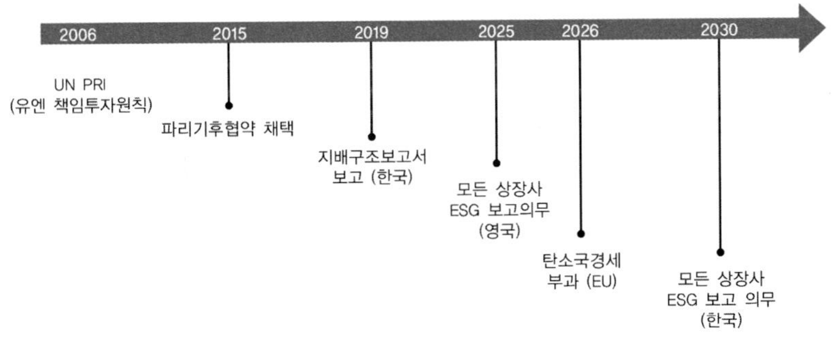

[그림 1-5] ESG 활동 요구 추이

3. ESG 발전과정

ESG(Environmental, Social, Governance)는 2020년을 전후해서 기업 경영의 중요한 화두가 되었지만, ESG가 갑자기 등장한 것은 아니다. ESG가 무엇인지 제대로 이해하려면 지속 가능한 발전이라는 기본 개념부터 알아야 한다. 이러한 접근 방식은 ESG가 역사적 발전을 통해 어떻게 기업가치에 영향을 미치는 핵심 요소로 발전했는지 인식하는 데 도움이 된다.

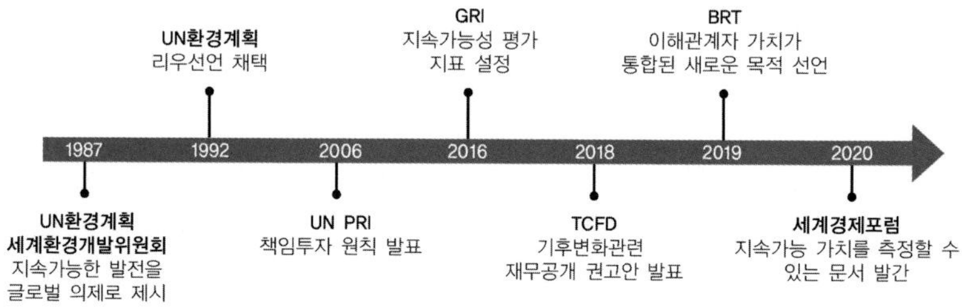

[그림 1-6] ESG의 주요 흐름

글로벌 의제로서 지속 가능한 개발의 여정은 1987년 "우리 공동의 미래(Our Common Future)"라는 제목의 보고서가 출판되면서 시작되었다. 브룬트란트 보고서(Brundtland Report)라고도 불리는 이 보고서는 유엔환경계획(UNEP)과 세계환경개발위원회(WCED)가 공동으로 작성한 것이다. 지속 가능한 발전은 "미래 세대가 자신의 필요를 충족시킬 수 있는 능력을 손상시키지 않으면서 현재의 필요를 충족시키는 개발"로 정의되었다. 근본적으로 이 개념은 빈곤, 인구 증가, 지구 온난화 등 인류가 직면한 과제로 인해 대재앙을 맞이하지 않으려면 지속 가능한 발전을 향한 전환이 시급히 필요함을 강조하고 있다. 지금부터 인류가 직면한 과제에 대응함으로써 미래의 경제와 환경에 대한 재앙적인 결과를 방지하는 것이다.

지속 가능한 발전을 위한 노력은 계속해서 구축되었다. 1992년 브라질에서 열린 리우회의에서 유엔환경계획(UNEP)은 '리우선언'을 채택했다. 리우 선언을 통해 세계 3대 환경 협약인 기후 변화 협약, 생물 다양성 협약, 사막화 방지 협약이 탄생했다. 이 협약은 ESG의 환경적 측면을 위한 토대를 마련했으며 환경 의식과 행동의 새로운 시대를 위한 발판을 마련하게 되었다.

책임투자원칙(Global Reporting Initiative)은 전 세계 기업이나 기관이 지속가능성을 높이기 위해 무엇을 하고 있는지 설명하는데 도움을 주고 있다. 1997년에 GRI는 기업이나 기관이 환경 보호, 사회적 책임, 기업 경영 방식 등의 영역에서 자신들의 활동을 설명할 수 있는 일련의 규칙(상세 지침 매뉴얼 등)을 만들었다. 2000년에 GRI의 첫 번째 지침을 발표했고 여러 차례 업데이트를 하여 2016년에는 GRI 표준을 도입했다. 이런 표준은 기업이 경제적, 환경적, 사회적 영향을 측정하고 실행하는데 사용할 수 있는 지표들이다. 예를 들어, 기업이 환경 보호 노력에 대해 보고하려는 경우 GRI 표준은 기업이 얼마나 많은 물이나 에너지를 절약하고 있는지, 폐기물을 줄이는 방법, 이산화탄소(CO_2)를 줄이기 위해 무엇을 하고 있는지에 대해 설명할 수 있도록 하고 있다. 사회적 측면에서는 근로자의 권리를 지원하고, 직장에서의 안전을 보장하며, 사업을 운영하는 지역 사회에 어떻게 기여하는지 보고할 수 있다.

따라서 GRI는 기업이 지속 가능성 노력에 대한 성적표를 만드는 데 도움을 제공하며 GRI 기준에 따라 작성한 보고서는 고객부터 투자자까지 모든 사람에게 환경 보호, 사회적 책임 및 경영의 투명성이라는 주제에 대해 기업이 어떻게 하고 있는지 보여줄 수 있는 방법이다.

GRI 프로세스를 통해 회사 외부의 모든 사람들은 보고하는 회사가 인류에 긍정적인 영향을 미치기 위해 어떻게 노력하고 있는지 더 쉽게 이해할 수 있게 되고 기업은 인류를 위한 지속 가능 활동이 진지하다는 것을 보여주고, 단순히 돈을 버는 것 이상에 관심이 있는 기업에서 구매하거나, 일하거나, 투자하려는 사람들을 선택하려는 고객, 인재 등을 유치할 수 있다.

2006년 제정된 유엔 책임투자원칙(UN PRI)은 투자 결정을 내릴 때 세계의 선량한 시민이 되겠다는 약속과도 같다. 이 원칙은 돈을 지구, 사회 및 비즈니스 윤리에 좋은 방식으로 사용되도록 하는 것이다.

예를 들어 우리가 돈을 투자하고 싶어 하는 대학 동아리의 일원이라고 가정할 때 우리는 투자를 늘릴 뿐만 아니라 환경 보호, 사람들을 공정하게 대하고 잘 운영되는 등 좋은 일을 하는 회사나 프로젝트에 투자하고 싶을 것이다. 이와 같은 원칙이 UN PRI이다. 이는 투자자의 투자가 환경과 사회 문제에 미치는 영향을 고려하고 투자하는 기업이 잘 관리되고 투명하게 한다.

또한, 원칙 중 하나가 투자 측면에서 항상 재활용하고 쓰레기를 버리지 않겠다고 한다면 투자자들이 투자를 결정하기 전에 오염을 줄이거나 재생 가능 에너지를 사용하는 등 기업이 환경에 미치는 영향을 줄이는 방법을 살펴볼 것이다. 또 다른 원칙은 기업이 직원을 공정하게 대우하고 다양성을 지원하며 사람이나 커뮤니티를 착취하지 않도록 하는 데 초점을 맞출 수 있다.

한국의 국민연금을 비롯한 수천 개의 글로벌 투자 기관이 유엔 책임투자원칙(UN PRI)에 가입하여 활동하고 있다. 이는 이러한 원칙에 따라 막대한 자금이 투자되고 있는데 큰 의미가 있으며, 기업이 책임 있고 지속 가능하다는 것을 보여줌으로써 더 나은 성과를 낼 수 있도록 유도할 수 있다. 간단히 말해서, UN PRI는 좋은 수익뿐만 아니라 세상을 더 나은 곳으로 만드는 데 도움이 되는 방식으로 돈을 현명하게 투자하기 위한 지침과 같다. 이는 돈의 힘을 사용하여 기업이 더욱 친환경적이고, 사회적 책임을 다하며, 투명하게 경영되도록 장려하는 것이다.

2017년에 설립된 기후 관련 재무공개 태스크포스(TCFD, Task Force on Climate-related Financial Disclosures)는 기본적으로 전 세계 기업이 기후 변화가 비즈니스에 어떤 영향을 미칠 수 있는지 명확히 알리기 위해 구성된 그룹이다. 이는 야외 행사를 계획하고 어떤 시나리오에든 대비하기 위해 일기 예보를 고려해야 하는 것과 약간 비슷한 개념이다.

TCFD는 글로벌 금융시스템이 안정적이고 잘 운영되는지 확인하기 위해 감시하는 국제기관인 금융안정위원회(Financial

Stability Board)에 의해 만들어졌다. 위원회는 기후 변화가 단순한 환경 문제가 아니고 기업의 가치에 영향을 미칠 수 있는 재무적 문제라고 보고 있다. 예를 들어, 기업이 화석 연료에 크게 의존하는 경우 탄소배출을 줄이기 위한 새로운 법률로 인해 수익성이 낮아질 수 있고 회사의 공장이 홍수가 발생하기 쉬운 지역에 위치한 경우 기후 변화로 인해 이러한 위험이 더욱 커질 수 있다. 따라서 TCFD는 기업이 기후 위험 및 기회에 대한 재무적 노출을 보고하는 방법에 대한 일련의 권장 사항을 네 가지 주요 영역으로 제시했다.

- **거버넌스:** 기후 관련 위험과 기회가 기업의 리더십과 의사결정 프로세스에 어떻게 통합되는가?
- **전략:** 기후 관련 위험과 기회가 기업의 비즈니스, 전략 및 재무 계획에 미치는 실제 및 잠재적 영향은 무엇인가?
- **위험 관리:** 기업은 기후 관련 위험을 어떻게 식별, 평가 및 관리하는가?
- **지표 및 목표:** 기업은 기후 관련 위험과 기회를 평가하고 관리하기 위해 어떤 지표와 목표를 사용하는가?

기업이 네 가지 주요 영역의 정보를 보고함으로써 투자자, 대출기관, 보험업자가 돈을 어디에 투자할지 더 많은 정보를 바탕으로 결정을 내릴 수 있도록 도움을 제공한다. 본질적으로 TCFD의 업무는 기업과 투자자가 기후변화로 인한 재무적 어려움과 기회에 대비하도록 하는 것으로 이는 날씨가 변할 수 있다는 것을 알고 야외 행사에 우산과 자외선 차단제를 가져가는 것이다. 그래서 금융계에서는 기후 변화가 기업운영 방식과 가치에 큰 영향을 미치기 때문에 미래에 대비할 중요한 요소로 바라보고 있다.

2019년 비즈니스 라운드테이블(BRT, Business Roundtable) 선언은 미국 기업의 ESG 경영에 대한 동참을 늘리는 중요한 사건이다. 비즈니스 라운드테이블은 미국에서 가장 크고 영향력 있는 기업의 CEO들이 모이는 단체로 애플(Apple), 아마존(Amazon), 월마트(Walmart), 블랙록(Blackrock)과 같은 기업의 리더들로 구성되어 있다.

수십 년 동안 비즈니스에서 지배적인 모토는 주주의 이익을 극대화하는 것이었다. 이는 기본적으로 회사 주식을 소유한 사람들의 가치를 높이기 위한 결정을 내리는 경영을 의미한다. 즉, 투자자에게 금전적인 수익을 돌려주는 것이 성공의 궁극적인 척도라는 믿음에 뿌리를 두고 있다. 그러나 2019년 8월, 리더들은 비즈니스 라운드테이블(BRT, Business Roundtable)이라는 이름으로 한 자리에 모여 "우리는 다르게 생각해야 한다"고 말하며 기업의 전통적인 목적을 근본적으로 바꾸는 성명서에 공동으로 서명을 했다. 그들은 주주들에게만 초점을 맞추는 대신, 기업은 모든 이해관계자들에게 가치를 제공해야 한다고 선언하고 이해관계자에는 주주뿐만 아니라 직원, 고객, 공급업체, 지역사회, 환경도 포함했다. 이 선언은 주식을 소유한 사람뿐만 아니라 모든 이해관계자의 요구와 이익의 균형을 맞추는 "이해관계자 자본주의"로의 중요한 전환을 의미하고 경영자들은 기업이 [그림 1-7]의 목적을 수행해야 한다는 데 동의했다.

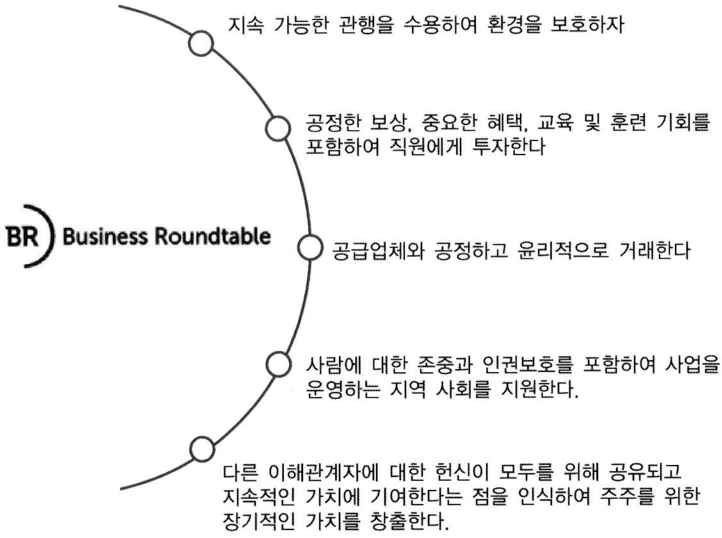

[그림 1-7] BRT 새로운 기업의 목적

이 선언문에 서명함으로써, 참여한 181명의 경영자는 사회에 대한 더 넓은 책임을 인정하고 소수만이 아닌 모든 사람의 이익을 위해 기업을 이끌겠다고 약속했다. 21세기 기업의 역할을 재 정의하기 위한 과감한 발언으로, 기업은 재무적 성공뿐만 아니라 사회와 지구에 긍정적으로 기여해야 한다는 점을 제시했다. BRT 선언은 기업을 운영하는 의사결정구조와 사회적 책임의 발전에 있어 이정표가 되었다.

BRT선언에 참여했던 블랙록(BlackRock) CEO인 래리 핑크

(Larry Fink)는 2020년 CEO에게 보낸 편지에서 투자 결정에 있어서 기후 변화와 ESG 요소를 강조하면서 이러한 변화를 지지했다.

2020년 1월, 스위스 다보스의 세계경제포럼(WEF)에서는 지속가능성과 이해관계자의 관심을 글로벌 경제 논의의 가장 중요한 주제로 선정했다. 다보스 회의 이후 세계경제포럼(WEF)은 이해관계자 자본주의를 실행 가능한 전략으로 전환하는 것을 목표로 2020년 9월 '이해관계자 자본주의 측정'이라는 제목의 포럼을 조직했다. 포럼에서는 기업의 지속가능성 및 이해관계자에 대한 영향과 관련하여 기업의 성과를 측정하기 위한 일련의 지침을 제시하는 문서를 공개하였으며 이 문서는 기업이 지속 가능한 개발 및 이해관계자 복지에 대한 기여도를 정량화하여 보고할 수 있도록 했다.

문서는 KPMG를 포함한 Big 4 글로벌 회계법인의 의견을 바탕으로 네 가지 중요한 영역에 대해서 작성되었다.

- **거버넌스**: 의사결정 과정의 윤리적 행동, 책임, 투명성에 중점을 두고 기업을 관리하고 이끄는 방법
- **지구**: 탄소 배출량, 폐기물 관리, 물 사용 및 회사 운영이 자연 세계에 미치는 전반적인 영향과 같은 환경적 측면
- **사람**: 노동 관행, 다양성과 포용성, 건강과 안전, 직원, 고객, 지역 사회에 미치는 광범위한 영향을 포함한 사회적 요인
- **번영**: 일자리 창출, 경제 성장, 혁신과 같은 경제적 기여와 함께 기업이 운영하는 사회의 경제 건전성에 기여하는 방식

이 문서는 기업이 지속가능성 노력을 종합적으로 측정하고 보고할 수 있도록 네 가지 영역 내에서 특정 지표를 제안했다. '이해관계자 자본주의 측정' 포럼과 그에 따른 문서를 통해 세계경제포럼(WEF)의 노력은 기업이 환경 관리, 사회적 책임, 지속 가능한 경제 성장이라는 더 넓은 목표에 맞춰 운영할 수 있는 방법을 제공하고 궁극적으로 지속 가능하고 공평한 글로벌 경제육성을 목표로 한다.

본질적으로 브룬트란트(Brundtland) 보고서에서 유엔 책임투자원칙(UN PRI) 형성, BRT 선언, 세계 경제 포럼과 같은 주요 포럼에서의 토론에 이르기까지 ESG의 여정은 지속 가능한 개발 개념에서 기업 관리 및 투자의사결정의 핵심 초점으로 진화하고 있다. 이러한 역사적 발전 흐름은 ESG가 기업가치평가에 어떻게 통합되었는지 보여주고 있다.

요약: ESG 개념

◇ **자본시장 투자자 관점에서 투자 의사결정 요인이자, 기업의 가치에 영향을 미치는 비재무적 요소를 통칭**

❶ (투자) 투자의사결정 등에 있어 환경(E)・사회(S)・지배구조(G) 등 비재무적 요소를 적극 고려하는 흐름을 통칭하는 개념*

* ESG 투자는 "ESG를 경영의사결정 및 투자전략에 통합하는 과정"(IMF, '19)
↳ 전통적인 금융리스크 외 ESG 관련 리스크를 기업의 재무적 수익성과 연계

환경 · 사회 · 지배구조 요소(UN Principles for Responsible Investment)

환경(Environmental)	기후변화, 자원고갈, 물, 공해, 삼림파괴
사회(Social)	인권, 현대노예, 아동근로, 근로조건, 근로자 관계
지배구조(Governance)	뇌물・부패, 경영진 보상, 이사회 구조, 정치적 로비, 조세전략

■ ESG 투자는 SRI(사회책임투자), 임팩트 투자 등을 포괄하나 지속가능한 장기수익성을 보다 강조하는 것이 최근 흐름

❷ (경영) 기업이 경제적 가치 외에 환경・사회적 가치를 적극 고려·창출함으로써 기업의 명성과 가치를 높이는 활동을 통칭

■ ESG 경영은 ESG 관점에서 경영 전략을 수립하는 것과 경영활동을 통해 창출한 ESG 성과를 공개하는 ESG 공시로 구분

【 ESG 생태계 】

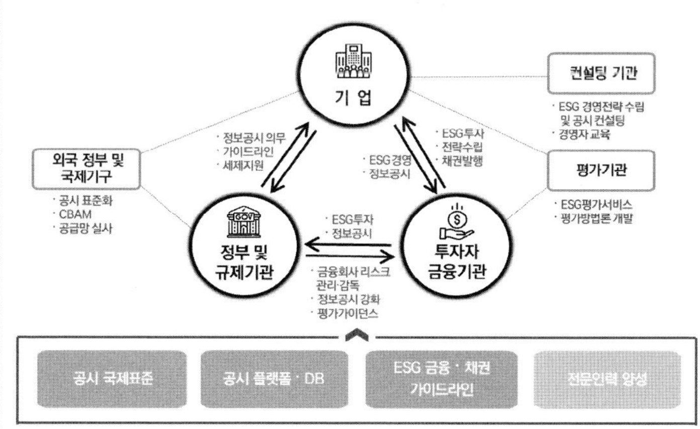

요약: ESG 확산경과

◇ **'80년대 이후 기존 자본주의의 한계에 따라 지속가능발전 제시**

ㅇ '87년 브룬트란트 보고서* 이후 학계·국제기구를 중심으로 지속가능발전 논의, '94년 지속가능발전을 위한 트리플바텀라인 제시**

* 경제발전의 대안으로 지속가능발전 제시, 유엔환경계획(UNEP)에서 채택

** (TBL : Triple Bottom Line) : 기업이익, 환경 지속성, 사회적 책임(John Elkington)

■ 이후 글로벌 지속가능보고서 가이드라인(GRI 1.0)이 발표('00)되며, 환경·사회 관련 기업의 비재무지표를 공시하기 시작

◇ **'00년 이후 UN 책임투자원칙(PRI), 파리기후협약 및 지속가능발전목표(UN SDGs)를 통해 ESG 등장 · 확산**

ㅇ UN 사회책임투자원칙('06, UN PRI)을 통해 글로벌 금융사 등이 ESG 이슈를 투자에 반영하기로 합의

ㅇ 지속가능발전 목표(SDGs), ESG 투자, 공시 지표 등 글로벌 ESG 생태계 기반이 EU 및 국제기구 중심으로 마련

■ (SDGs) '30년까지 글로벌 환경·사회적 목표를 제시한 파리기후협약 및 지속가능발전목표(UN SDGs) 체결('15)

■ (TCFD) 금융안정위원회(FSB)는 TCFD를 설립해 공시체계 마련

◇ **국제기구·EU 중심으로 생태계 조성 시작 → 코로나19 및 블랙록 등의 ESG 투자 선언을 계기로 ESG 흐름 가속화**

ㅇ 코로나19로 인한 사회양극화 문제 대두 및 기후위기 심각성 인식 증대로 주요국 탄소중립 공식 선언* → ESG 중요성↑

* EU('19.12월)·中('20.9월)·日('20.10월)·韓('20.10월) 등

ㅇ 세계 최대 자산운용사 블랙록(Blackrock)의 ESG 투자 본격 선언('20.1월) 등 글로벌 자본시장의 ESG 관련 투자 급증

■ 투자기관의 투자대상인 대기업 중심으로 ESG 경영을 공식 선언하고, 정부·국제기구도 ESG 정책·제도 등을 본격 추진

■ 최근 EU·국제기구 등을 중심으로 ESG 공시표준화, 공급망실사·탄소국경조정제도 도입 추진 등 규율체계 강화

출제 예상문제

01. ESG의 구성 요소에 대한 설명으로 올바른 것은?

① ESG에서 지배구조(G)는 기업이 사람들과 공동체에 긍정적 영향을 주기 위해 노력하는 것이다.
② 지역사회를 돕고 모든 사람이 공평하게 대우받도록 하는 활동은 ESG의 지배구조이다.
③ ESG의 지배구조는 기업이 결정을 내리고 모든 사람이 결정과정에 공정하게 참여할 수 있도록 하는 것이다.
④ 직원들에게 좋은 근무환경을 제공하는 것은 ESG의 지배구조 활동이다.

02. 기업의 성적 평가에 ESG를 반영하고 있는데 ESG를 평가하는 기관은?

① 블랙록(Black rock)　② GRI
③ CDP　④ 무디스(Moody's)

03. 다음에서 설명하고 있는 TCFD의 영역은?

> 기후 관련 위험과 기회가 기업의 리더십과 의사결정 프로세스에 어떻게 통합되는가?

① 거버넌스　② 전략　③ 위험관리　④ 지표와 목표

04. 다음에서 세계경제포럼(WEF)이 이해관계자 자본주의 측정이라는 제목의 포럼에서 제시한 네 가지 중요영역 중 무엇에 대한 설명인가?

> 의사결정 과정의 윤리적 행동, 책임, 투명성에 중점을 두고 기업을 관리하고 이끄는 방법

① 거버넌스　② 지구　③ 사람　④ 번영

05. ESG는 단순히 좋은 일을 하는 것이다. (○, ×)

06. 2006년 UN PRI는 환경, 기업이 사람을 대하는 방식, 기업을 운영하는 방식 등을 고려하는 투자 원칙을 수립했다. (○, ×)

07. 투자자들이 담배를 만드는 기업이나 무기를 제조하는 기업 같은 곳은 '투자하지 않기' 목록에 올려서 돈을 주지 않기로 하는데 이것을 (   )이라고 한다.

정답과 해설

01. ③

① ESG에서 사회(S)는 기업이 사람들과 공동체에 긍정적 영향을 주기 위해 노력하는 것이다.

② 지역사회를 돕고 모든 사람이 공평하게 대우받도록 하는 활동은 ESG의 사회(S)활동이다.

④ 직원들에게 좋은 근무환경을 제공하는 것은 ESG의 사회(S) 활동이다.

02. ④

신용평가기관들은 무디스(Moody's), 피치(Fitch Ratings), 그리고 S&P (Standard & Poor's)가 있다.

03. ①

기후 관련 위험과 기회가 기업의 리더십과 의사결정 프로세스에 어떻게 통합되는가는 TCFD 중 거버넌스에 관한 항목이다.

04. ①

네 가지 영역 중 거버넌스는 의사결정 과정의 윤리적 행동, 책임, 투명성에 중점을 두고 기업을 관리하고 이끄는 방법이다.

05. ×

ESG는 단순히 좋은 일을 하는 것을 넘어서 기업이 장기적으로 성공하고 지속가능하게 성장할 수 있도록 돕는 중요한 역할을 한다.

06. ○

ESG는 단순히 좋은 일을 하는 것을 넘어서 기업이 장기적으로 성공하고 지속

가능하게 성장할 수 있도록 돕는 중요한 역할을 한다.

07. 네거티브 스크리닝(Negative Screening)

투자자들은 담배를 만드는 기업이나 무기를 제조하는 기업 같은 곳은 '투자하지 않기' 목록에 올려서 돈을 주지 않기로 하고 이걸 '네거티브 스크리닝(Negative Screening)'이라고 한다.

■ 각주 설명

1) 자산은 기업이 소유하고 있는 모든 가치 있는 것들로 현금, 부동산, 기계, 물품 등 기업이 운영을 위해 보유하고 있는 모든 것이다.

2) 부채는 기업이 다른 사람이나 기업에게 지불해야 하는 돈이나 서비스로 빌린 돈이나 앞으로 지불해야 할 비용이 부채에 해당한다.

3) 인권은 모든 사람이 태어날 때부터 가지고 있는 권리로 우리 모두가 존중받고, 안전하게 살며, 우리의 생각을 자유롭게 말할 수 있어야 한다는 것이다.

4) 공급망(supply chain)은 제품이나 서비스가 최종 소비자에게 도달하기까지의 전체 과정으로 예를 들면 초콜릿을 만들 때 코코아부터 시작해서 초콜릿이 마트에 도착하여 우리가 구매할 수 있게 되기까지의 과정이다.

5) 이사회는 학교에서 학생회가 학생들의 의견을 대표하고 학교 행사나 중요한 결정에 참여하는 것처럼, 기업에서 회사를 대표해서 중요한 결정을 하는 그룹이다. 이사회는 회사가 어떤 방향으로 가야 할지, 어떤 큰 결정을 해야 할지를 결정하고, 회사가 잘 운영되고 있는지를 감독한다.

6) 학교에서 학생회의 활동이나 학교의 다른 동아리 활동이 규칙에 맞게, 예산을 제대로 사용하고 있는지를 확인하는 것처럼, 회사의 감사위원회는 회사의 돈이 제대로 쓰이고 있는지, 회사의 규칙과 법을 잘 지키고 있는지를 확인하며 회사가 올바른 방향으로 가고 있는지, 잘못된 점이 없는지를 검사하는 역할을 한다.

7) 공급망 내 모든 단계의 협력 회사에 대한 노동권, 인권, 건강, 환경보호 등 행동수칙(Apple Supplier Code of Conduct) 마련 및 평가

8) 신용평가기관은 학교에서 학생들에게 성적을 주는 선생님처럼 기업들이 돈을 빌릴 때 얼마나 믿을 수 있는지 평가해 주는 곳으로 기업이 돈을 잘 갚을 수 있을지, 경제 상황이 나빠져도 문제가 없을지를 살펴보고 그 결과를 '등급'으로 표시해 주는 곳이다. 좋은 등급을 받은 기업은 더 쉽게 더 좋은 조건으로 돈을 빌릴 수 있고 낮은 등급을 받으면 돈을 빌릴 때 더 높은 이자를 내거나 돈을 빌리기 어렵게 된다.

읽을거리

ESG 정착은 우리의 새로운 미래

ESG 바람이 4차 산업혁명을 능가할 만큼 강하게 불고 있다. 코로나19가 장기적인 흐름을 보이면서 기후와 환경, 사회적 불평등에 대한 중요성이 대두되면서 우선적으로 기업이 동참할 것을 강하게 요구하고 있다. ESG는 Environmental, Social, Governance의 첫 글자를 딴 약자로 기존의 지속가능경영이나 기업의 사회적 책임(Corporate Social Responsibility, CSR)이 확장된 개념으로 볼 수 있다.

ESG는 과거 기업에서 재무적 성과만을 판단하던 기준에서 벗어나 이제는 환경문제와 사회문제까지도 관심을 가지고 지속가능성(Sustainability)을 제고해야 한다는 경영철학을 담고 있다. 이미 유럽연합이나 미국 등 선진국에서는 기업의 비(非)재무적 성과를 판단하는 기준으로 자리를 잡아가고 있다. 우리나라에서도 2025년부터 자산총액 2조 원 이상의 유가증권시장 상장사는 ESG 공시가 의무화되며 2030년부터는 모든 코스피 상장사로 확대될 전망이다.

2030년까지 국제사회의 최대 공동목표는 인류의 보편적 문제인 △빈곤 △질병 △교육 △성평등 △난민 △분쟁 등을 해결하고 지구 환경문제인 △기후변화 △에너지 △환경오염 △물 △생물다양성 등과 경제 사회문제인 △기술 △주거 △노사 △고용 △생산 소비 △사회구조 △법 △대내·외 경제 등을 해결하는 데 있다. 미국은 조 바이든 대통령이 취임하면서 파리기후협정 재가입과 2050년까지 온실가스 배출량 제로 달성, 2조 달러 신재생에너지 투자 등을 선언했다. ESG는 이제 기업입장에서 단순한 트렌드가 아닌 생존의 문제로 가속화되고 있는 것이다.

ESG의 주요내용을 살펴보면, 우선 Environmental(환경보호) 측면에서는 기후변화, 탄소중립, 환경오염 완화를 위한 자원과 폐기물 관리 그리고 에너지 효율화가 중요한 이슈로 부각되고 있다. 대학 차원의 환경보호 측면에서는 △캠퍼스 내 나무심기 △생활 속 일회용품 줄이기 운동 △업싸이클링(upcycling) △쓰담 달리기 운동 등을 실천할 수 있다.

Social(사회적 책임) 측면에서는 데이터 보호, 인권보장과 성별 그리고 다양성의 고려, 지역사회와의 협력관계 구축에 힘써야 한다. 사회와 얼마나 적절한 관계를 구축하고 있는지가 핵심 사안이다. 이제는 소비자와 투자자가 사회에 유익을 주는 기업에 관심을 보이기 시작했다. 대학 차원의 사회적 책임 측면에서는 △교육봉사 △대학생 농촌일손 돕기 △대학생 동아리 재능기부 △대학생 사랑의 헌혈 캠페인 전개 △대학생·대학 교직원 등을 위한 인권센터 운영 등을 실천할 수 있다.

Governance(지배구조 개선) 측면에서는 투명하고 신뢰도 높은 이사회 구성과 활동, 투명성이 높은 감사제도 운영을 요구하고 있다. 최대한 부패를 방지하고, 기업윤리를 준수함으로써 높은 지배구조 가치를 확보하기 위함이다. 대학 차원의 지배구조 개선 측면에서는 △청렴한 대학문화 조성 △성희롱·성폭력에 대한 인식개선 및 예방교육 △구성원 소통 네트워크 강화 △교직원 공개채용 및 처우개선 등을 실천할 수 있다.

대학은 사회와 국가발전의 중추적 역할을 담당해야 한다. 그래야 미래사회도 지속 발전해 갈 수 있는 것이다. 물론 ESG가 제대로 정착되기 위해서도 대학의 역할은 매우 중요하다. 우리 모두가 환경을 보호하고 사회적 약자를 배려하며 지속가능한 미래를 위해 좀 더 ESG 활동이 활발하게 전개됐으면 좋겠다.

출처: 저자(한광식)가 기고한 내용임을 밝힘.

제2장

ESG 기본 용어

1. 알아야 할 ESG 용어

■ 생물다양성(Biodiversity)

생물다양성이란 지구상의 모든 생명체가 가진 다양성을 말한다. 이 용어는 1985년에 처음 만들어졌고, 본래 '생물학적 다양성'이라는 말의 줄임말이다. 생물다양성에는 크게 세 가지 유형이 있다.

- **유전자 다양성:** 사람들이 각기 다른 외모와 특성을 가지고 있는 것처럼 같은 종 내에서도 각각의 개체가 유전적으로 조금씩 다르다는 개념
- **종 다양성:** 숲에서 발견되는 수많은 식물과 동물 종을 포함해서 다양한 종류의 동식물이 서로 다른 환경에서 살아가는 것
- **생태계 다양성:** 숲, 산호초, 사막 등 지구상의 다양한 환경에서 생명체들이 어떻게 상호 작용하는지를 포함한 큰 범위에서 생태계의 다양성

각각의 생물이 자신의 역할을 하며 생태계를 건강하게 유지하는 데 기여하기 때문에 생물다양성은 지구의 건강과 균형을 유지하는 데 매우 중요하다.

■ 순환경제(Circular economy)

순환경제는 우리가 사용하는 자원을 가능한 한 효율적으로 사

용하고, 재활용하여 지속 가능한 방식으로 환경에 미치는 영향을 최소화하려는 경제 모델이다. 이 경제 모델은 자원을 쓰고 버리는 전통적인 '선형 경제'와는 다르다. 선형 경제에서는 자원을 채굴하고, 제품을 만든 뒤, 사용이 끝나면 버려지는 과정을 반복하지만 순환경제에서는 제품과 재료가 가능한 오래 돌려 쓰이도록 설계되며, 사용된 자원은 계속해서 재활용된다.

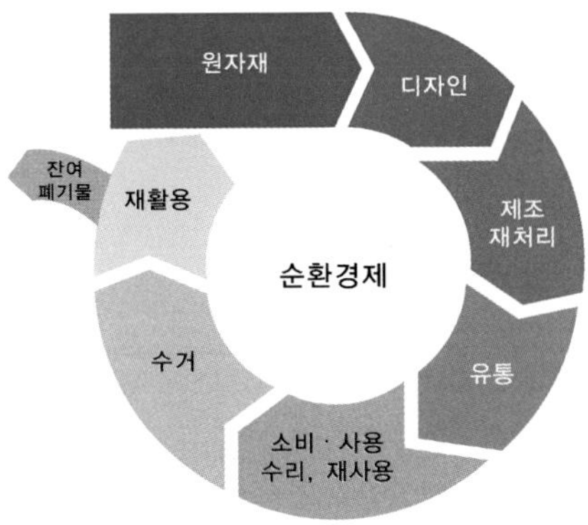

순환경제의 핵심은 재생 가능한 자원 사용, 제품의 재사용 및 재활용, 폐기물 제거 세 가지이다.

- **재생 가능한 자원 사용:** 환경에 미치는 부담을 줄이기 위해 가능한 재생 가능한 자원을 사용
- **제품의 재사용 및 재활용:** 자원을 낭비하지 않도록 제품의 수명이 끝난 후에도 가능한 한 재활용하거나 다른 형태로 재사용
- **폐기물 제거:** 폐기물을 가능한 줄여 자원을 더 효율적으로 사용

순환경제 접근 방식은 자원을 절약하고 환경을 보호하는 동시에 경제적으로도 이득을 가져다준다. 순환경제는 금융, 인간, 사회, 생태 등 모든 종류의 자본을 재건하고 강화하는데 목표를 두고 있어 이 모델을 통해 자연을 보호하고 미래 세대를 위한 지속 가능한 성장을 도모할 수 있다.

■ 기후 변화(Climate change)

기후 변화는 우리가 일상에서 하는 다양한 활동들이 지구의 대기 조성을 변화시키면서 일어나는 현상이다. 이러한 활동들로 인해 대기 중에 이산화탄소와 같은 온실가스가 증가하고, 이 가스들이 태양으로부터 오는 열을 지구 근처에 가둬두면서 지구의 평균 온도가 점점 높아지게 된다. 이 과정을 우리는 '지구 온난화'라고 부르며, 이것이 기후 변화의 주된 원인 중 하나이다.

기후 변화의 영향으로는 날씨 패턴의 변화, 빙하의 녹음, 해수면 상승 등이 있으며, 이러한 변화들은 식량 생산, 물 자원, 인간 건강 등 다양한 분야에 영향을 미친다. 기후 변화를 줄이기 위해서는 화석 연료 사용을 줄이고, 재생 가능한 에너지를 늘리는 등의 노력이 필요하고 이러한 노력은 각 개인의 생활방식 변화부터 시작될 수 있으며, 국가 차원의 정책 변경도 중요하다.

■ **다양성, 형평성 및 포용성 (DE&I, Diversity, Equity, and Inclusion)**

다양성, 형평성 및 포용성(DE&I, Diversity, Equity, and Inclusion)은 모든 사람들이 차별받지 않고 공정하게 대우받는 환경을 만들기 위해 조직이 추진하는 중요한 원칙들로 세 가지 원칙은 조금씩 다른 의미가 있다.

- **다양성(Diversity)**: 다양성은 사람들 사이에서 볼 수 있는 여러 가지 차이점으로 흔히 생각하는 인종이나 성별뿐만 아니라, 나이, 출신 국가, 종교, 장애 상태, 성적 취향, 사회 경제적 지위, 교육 수준, 결혼 유무, 언어, 심지어 외모까지 포함되며 이렇게 다양한 배경과 특성을 가진 사람들이 모여 있을 때, 우리는 그 곳을 '다양성이 존재하는 곳'이라고 함
- **형평성(Equity)**: 형평성은 모든 사람에게 필요한 자원과 기회를 공정하게 제공함으로써 각사가 성공할 수 있는 기회를 만들어 주는 것으로 단순히 모두에게 동등하게 자원을 나누어 주는 것이 아니라, 각 개인의 상황과 필요에 따라 맞춤형 지원을 제공하는 것으로 어떤 사람들은 다른 사람보다 더 많은 지원이 필요할 수 있으며, 형평성은 이러한 차이를 인정하고 적절히 지원하는 것
- **포용성(Inclusion)**: 포용성은 모든 사람이 자신이 속한 곳에서

존중받고 가치 있게 여겨진다고 느낄 수 있는 환경을 만드는 것으로 포용적인 환경에서는 모든 사람들이 자신의 의견을 자유롭게 표현할 수 있고, 결정 과정에 참여할 수 있으며, 자신이 속한 공동체의 중요한 일원으로 인정받는 것

결론적으로, DE&I는 모든 사람이 공평하게 대우받고, 그들의 다양성을 존중받으며, 모두가 참여할 수 있는 포용적인 사회를 만드는 것을 목표로 한다. 이러한 원칙들이 잘 지켜질 때, 우리 사회는 더욱 건강하고 행복한 곳이 된다.

■ **지구온난화 지수(GWP, Global warming potential)**

GWP는 다양한 온실가스가 지구를 얼마나 따뜻하게 만드는지를 비교하는 수치이다. 각 온실가스가 지구 온난화에 미치는 영향은 다르기 때문에, 과학자들은 이산화탄소를 기준으로 각 가스의 온난화 기여도를 측정했다.

예를 들어, 메탄이나 아산화질소 같은 가스는 이산화탄소보다 지구를 더 많이 데우기 때문에, 지구온난화 지수가 이산화탄소보다 높다. 지구온난화 지수는 보통 100년 기간 동안 1kg의 특정 온실가스가 지구에 얼마나 많은 열을 가두는지를 보여준다.

이 지수를 사용함으로써, 우리는 다양한 온실가스가 내뿜는 열의 양을 '이산화탄소 환산단위(CO_2e)'로 바꿔서 표현할 수 있다. 이는 온실가스의 영향을 이산화탄소의 영향과 동등하게 비교할 수 있게 해주며 이렇게 함으로써, 각 나라나 기관은 자신들이 배

출하는 다양한 온실가스의 총 영향을 쉽게 계산하고, 관리할 수 있다. 이는 지구 온난화를 줄이는 데 중요한 도구가 된다.

■ **온실가스(Greenhouse gases)**

유엔 기후변화협약(UN Framework Convention on Climate Change, UNFCCC)은 전 세계적으로 기후 변화를 관리하고 대응하기 위한 국제적인 협약이다. 이 협약 하에서 각국은 온실가스 배출을 감소시키기 위한 여러 의무를 지닌다. 온실가스는 지구의 온도를 상승시키는 주요 원인으로 지목되며, 이 중 일부는 다음과 같다.

- **이산화탄소(CO_2)**: 화석 연료의 연소, 삼림 벌채 등으로 발생
- **메탄(CH_4)**: 쓰레기 매립지, 가축의 소화 과정 등에서 나옴
- **아산화질소(N_2O)**: 농업 활동과 산업 공정 중에 배출
- **수소불화탄소(HFCs)**: 냉장고나 에어컨 냉매로 사용
- **과불화탄소(PFCs)**: 전자제품, 도금산업, 반도체, 소화기 등에서 배출
- **육불화황(SF6)**: 반도체 생산 공정에서 배출

온실가스는 지구의 기온을 상승시키는 주요 원인으로, 이를 감소시키는 것이 전 세계적으로 중요한 과제이다.

■ 그린워싱(Greenwashing)

'그린워싱'은 기업이나 조직이 자신들의 제품이나 서비스가 환경에 미치는 영향을 실제보다 훨씬 친환경적이라고 과장하거나, 잘못된 정보를 제공하는 행위를 말한다. 이 용어는 '그린(친환경)'과 '화장(위장)'을 합친 말로, 환경을 보호하는 것처럼 보이려고 하지만 실제로는 큰 영향을 주지 않거나 때로는 환경에 해를 끼치는 제품이나 서비스를 마케팅하는 것을 의미한다. 예를 들어, 어떤 기업이 자사 제품을 "친환경"이라고 광고하지만, 생산 과정에서 많은 양의 오염 물질이 배출된다면, 이는 그린워싱에 해당할 수 있다. 그린워싱은 소비자들이 제품을 선택할 때 환경적인 측면을 고려하도록 유도하지만, 실제로는 환경에 도움이 되지 않는 상황을 만든다. 이로 인해 소비자는 착각하게 되고, 실제 환경에 좋은 선택을 할 수 있는 기회를 잃게 된다.

■ 자연자본(Natural capital)

자연자본은 회사가 이용할 수 있는 자연에서 나오는 모든 자원으로 물, 금, 천연가스, 은, 석유 등이 해당된다. 이러한 자원들은 회사가 제품을 만들거나 서비스를 제공하는 데 필수적인 요소이다.

회사는 자연자본을 잘 관리하고 기록해야 하며 이를 위해 자연자본 회계라는 방법을 사용하여, 자연 자원의 사용과 보유 상태를 회사의 재무제표에 정확히 기록한다. 이렇게 하면 회사는 자원을 얼마나 효율적으로 사용하고 있는지, 얼마나 남아있는지를 정확히 알 수 있어 더 나은 경영 결정을 내릴 수 있다.

자연자본은 회사 운영에 필수적인 요소이지만, 그 가치를 잘 인정받지 못했다. 하지만 최근 기후변화 등의 문제로 자연자본의 중요성이 점점 더 부각되고 있다. 이에 따라 세계경제포럼(WEF), 블랙록(BlackRock) 등 여러 기관에서 자연자본의 영향을 평가하고 관리하려는 노력이 이뤄지고 있다. 자연자본의 회사 운영에 매우 중요한 요소이며, 자연자본 회계와 관리를 통해 기업은 더 효과적인 의사결정을 내릴 수 있다.

■ 넷제로(Net zero)

Net zero는 지구의 대기 중으로 방출되는 온실가스 양과 그 온실가스를 제거하는 양이 같아져서 실질적으로 대기 중의 온실가스 농도가 늘어나지 않는 상태로 지구온난화를 멈추게 하고, 기후 변화를 제어하는 데 중요한 역할을 한다.

파리협정은 전 세계 국가들이 이 넷제로 상태를 달성할 수 있도록 강조하고 있다. 협정은 각국이 2050년경까지는 인간 활동으로 인한 온실가스 배출과 자연이나 기술을 통해 이산화탄소를 제거하는 양을 균형 있게 맞추도록 요구하고 있다. 이를 통해 지구 온난화를 제한하고 지속 가능한 환경을 유지하는데 목표를 갖고 있다.

넷제로를 달성하기 위해서는 온실가스 배출량을 줄이고, 동시에 이산화탄소(CO_2) 흡수량을 늘려야 한다. 이를 위해 신재생에너지 사용 확대, 에너지 효율 개선, 산림 보호 및 복원 등의 다양한 노력이 필요하다.

■ 재생 가능 에너지(Renewable energy)

'재생 가능 에너지'는 온실가스 프로토콜에 의해 자연에서 지속적으로 공급되는 에너지원에서 얻어지는 에너지를 의미한다. 여기에는 바람(풍력), 물(수력), 태양광(태양에너지), 지열 및 바이오 연료 같은 자원이 포함된다. 이런 에너지원들은 지구상에 계속 존재하며, 사용해도 고갈되지 않기 때문에 '재생 가능'이라고 불린다.

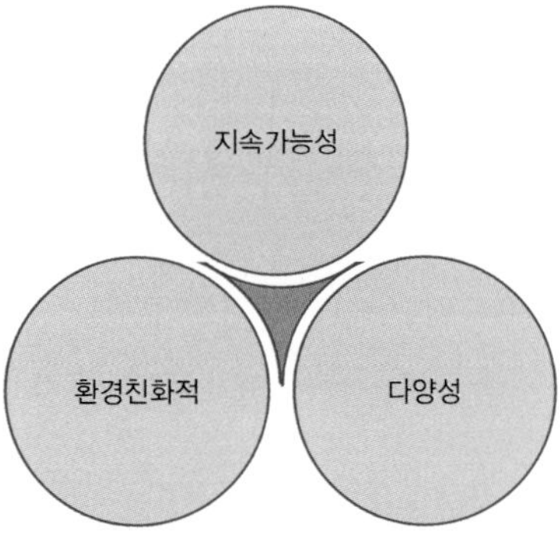

[그림 2-1] 재생 가능 에너지의 특징

재생 가능 에너지의 특징은 다음과 같다.

- **지속 가능성:** 계속해서 공급되기 때문에 지속 가능한 발전을 위한 중요한 에너지원
- **환경 친화적:** 화석연료와 달리 온실가스를 배출하지 않아 환경에 미치는 부정적인 영향이 적음
- **다양성:** 다양한 에너지원이 포함되어 있어 에너지 공급의 안정성을 높일 수 있음

재생 가능 에너지는 화석연료 고갈과 기후변화 문제를 해결할 수 있는 중요한 대안으로 전 세계적으로 재생 가능 에너지 사용이 늘어나고 있다. 특히, 독일과 호주에서 큰 성과를 거두고 있다.

앞으로 우리나라에서도 태양광, 풍력, 수력 등 다양한 재생 가능 에너지원의 활용을 확대하여 우리 사회가 보다 지속 가능한 방향으로 나아갈 수 있도록 해야 한다.

■ 과학 기반 목표(Science-Based Target)

'과학 기반 목표'는 기후 변화에 대응하기 위해 설정된 목표(Target)로, 이는 기후 과학의 최신 연구 결과에 기반을 두고 있다. 이 목표는 파리 협정의 주요 목표인 지구의 온도 상승을 산업화 이전 수준보다 2°C 이하로 유지하고, 가능하면 1.5°C로 제한하려는 노력과 일치

해야 한다. 과학 기반 목표를 설정함으로써 기업들은 자신들의 온실가스 배출을 줄이는 구체적이고 명확한 계획을 가질 수 있으며, 이는 기후 변화의 심각한 영향을 막고 지속 가능한 비즈니스 성장을 이루는 데 큰 도움이 된다. 이런 목표는 기업이 환경에 덜 해를 끼치면서도 효과적으로 운영될 수 있도록 지원한다.

■ **스코프(영역, Scope)**

온실가스 배출량은 기업이나 조직이 환경에 미치는 영향을 측정하기 위해 사용되는 국제적인 방법에 따라 세 가지 범주, 즉 '스코프(Scope)'로 분류된다.

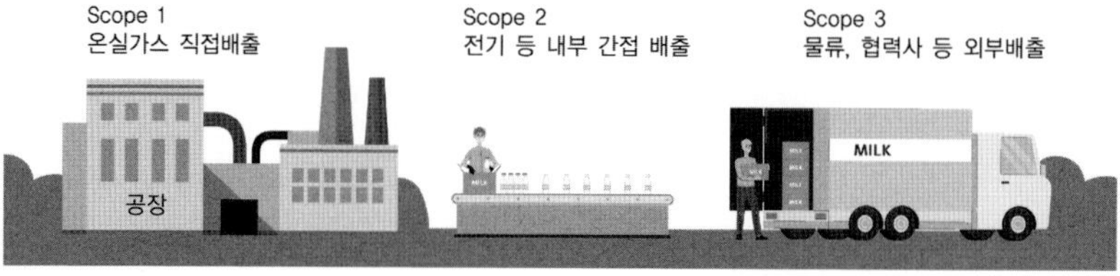

- **스코프** 1(Scope 1): 기업이 직접 운영하는 건물이나 기계 등에서 바로 발생하는 온실가스를 포함하는 것으로 공장에서 기계를 돌리거나 회사 차량을 운행할 때 나오는 배기가스가 여기에 해당
- **스코프** 2 (Scope 2): 기업이 사용하는 전기나 난방, 냉각 등을 외부에서 구매할 때 발생하는 간접적인 온실가스로 전기 회사에서 생산한 전기를 사용함으로써 발생하는 배출량이 이에 해당
- **스코프** 3 (Scope 3): 기업의 직접적인 활동 이외에 발생하는 다

른 모든 간접 배출을 포함하는 매우 광범위한 범위로 구매한 재료나 연료의 생산, 기업이 직접 운영하지 않는 운송수단에서 발생하는 배출, 외부 업체에 의한 활동, 제품의 폐기물 처리 등이 여기에 포함

온실가스 배출을 세 가지 스코프로 나누어 관리하면, 기업들은 자신들의 환경적 영향을 더 잘 파악하고 줄이는 데 필요한 조치를 취할 수 있다.

■ **지속가능성(Sustainability)**

지속가능성은 우리가 자연환경을 잘 보호하고, 기후 변화에 효과적으로 대응하면서도, 사회가 건강하게 성장할 수 있도록 하는 개념이다. 이는 우리가 오늘 필요한 것들을 얻으면서도 미래 세대가 필요로 할 자원을 고갈시키지 않는 방식으로 행동하는 것이다. 간단히 말해, 우리가 지금 쓰는 자원과 환경을 앞으로 올 사람들도 안전하게 사용할 수 있도록 아끼고 보호하는 것이다. 지속가능성은 단순히 환경 보호에만 국한되지 않습니다. 사회적, 경제적 영역에서도 매우 중요한 역할을 한다. 예를 들어, 기업들이 지속가능한 방식으로 경영하면 장기적으로 더 큰 이익을 얻을 수 있고 지속가능한 사회를 만들기 위해서는 모든 사람들이 함께 노력해야 한다. 이런 행동은 환경뿐만 아니라 사회적, 경제적 영역에서도 중요한 역할을 한다.

■ **가치사슬(Value Chain)**

'가치사슬'은 한 조직이 제품이나 서비스를 만들고 고객에게 전달할 때까지의 모든 과정으로 이 과정에는 제품을 디자인하고, 원재료를 구입하고, 제품을 제조하고, 판매하며, 고객에게 서비스를 제공하는 일련의 활동이 포함된다. 이 과정은 회사 내부의 활동뿐만 아니라 외부 파트너나 협력 업체와의 관계도 포함할 수 있다. 가치사슬을 잘 관리하면 제품이나 서비스의 가치를 높일 수 있어 조직의 성공에 크게 기여한다. 예를 들어, 원재료 구입 과정을 효율적으로 관리하면 제품 원가를 낮출 수 있고 고객 서비스를 강화하면 고객 만족도를 높일 수 있다.

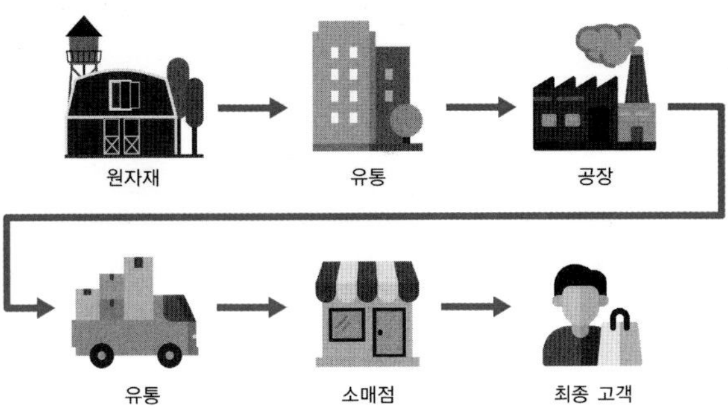

이처럼 가치사슬의 각 단계를 잘 관리하면 기업의 경쟁력을 높일 수 있다.

가치사슬 분석은 기업의 경쟁전략을 수립하는 데 중요한 도구로 기업은 가치사슬 분석을 통해 각 활동의 효율성을 평가하고, 개선할 점을 찾아낼 수 있다. 이를 통해 기업은 핵심역량을 강화하고, 한정된 자원을 효과적으로 활용하여 기업의 경쟁력을 높일 수 있다.

2. ESG 약자

■ CBAM(Carbon Border Adjustment Mechanism)

탄소국경조정제도(CBAM)는 유럽연합(EU)이 환경보호를 위해 만들었다. 이 제도의 주 목적은 다른 나라에서 EU로 수입되는 제품이 만들어지는 과정에서 발생하는 탄소 배출량을 줄이는 것으로 다른 나라에서 제품을 만들 때 환경 규제가 EU보다 강하지 않으면, 그 제품을 EU에 수입할 때 추가 비용을 내야 한다. 이렇게 함으로써, EU는 자국 내 기업이 엄격한 환경 법률로 인해 불이익을 받는 것을 막고, 다른 나라 기업들도 환경 친화적으로 제품을 만들도록 유도한다. 만약 제품이 만들어진 나라에서 이미 탄소배출에 대한 비용을 지불했다면, 이 추가 비용은 감면받을 수 있기 때문에 환경을 보호하면서 공정한 경쟁을 유지하기 위해 도입되었다. 탄소국경조정제도는 주로 시멘트, 철강, 알루미늄, 비료, 전기, 수소 등의 산업에 영향을 미치고 이중 철강 산업은 탄소 배출이 많은 산업이기 때문에 이 제도의 영향을 크게 받게 된다. 이처럼 탄소국경조정제도는 환경보호와 공정한 경쟁을 위해 도입된 중요한 제도이다.

■ CDP(Carbon Disclosure Project)

씨디피(CDP)는 탄소공개프로젝트로 알려진 비영리 단체로 세계에서 가장 큰 기업들이 얼마나 많은 이산화탄소와 온실가스를 배출하는지 추적하고, 이 정보를 공개하여 환경에 미치는 영향을 줄이도록 돕는 것을 목적으로 한다. CDP는 이 정보를 통해 기업들이 환경을 보호하는 방향으로 더 책임 있는 행동을 취하도록 유도하고 기업이 얼마나 많은 온실가스를 배출하는지 공개함으로써, 이들 기업이 환경에 해를 덜 끼치도록 개선하도록 한다. CDP가 수집한 정보는 금융기관들이 기업의 기후 관련 정보를 평가하는 데 활용되고 이를 통해 기업들은 자신의 환경경영 역량과 성과를 검증받을 수 있다.

■ CF100(Carbon Free 100%)

CF100은 '탄소 배출 제로(Carbon Free) 100%'를 의미하며, 이는 '24/7 Carbon-Free Energy'라고도 불린다. 이 명칭은 하루 24시간, 일주일 내내 사용하는 전체 전력을 무탄소 에너지로만 공급하는 것을 목표로 한다. 기존의 RE100 이니셔티브, 즉 사용 전력 100%를 재생에너지로만 충당하려는 계획이 실질적인 탄소 중립을 달성하기 어렵다는 평가에 따라 새로 제안된 글로벌 이니셔티브이다.

2022년 8월 기준, 구글과 마이크로소프트 등 70여 개 기업이 CF100 이니셔티브에 참여하여 전력 사용을 통해 탄소 배출을 줄이고, 궁극적으로 탄소 중립을 달성하려는 목표를 가지고 있다.

CF100은 RE100보다 더 도전적인 목표를 가지고 있다. CF100을 통해 기업들이 보다 적극적으로 탄소 배출을 줄이고 환경 보호에 참여할 수 있다.

■ 녹색기후기금(GCF, Green Climate Fund)

GCF는 유엔 기후변화협약(UNFCCC)에 따라 만들어진 국제기관이다. 이 기관의 목적은 부유한 나라들이 개발도상국을 도와 기후 변화에 대응하고 온실가스를 줄이는 데 필요한 자금을 지원하는 것으로 선진국들이 기부한 돈으로 만들어진 기금을 사용하여, 개발도상국이 기후 변화 문제에 효과적으로 대처할 수 있도록 다양한 프로젝트에 돈을 제공한다. 이런 지원을 통해 개발도상국들은 기후 변화에 적응하고, 환경 친화적인 방식으로 성장할 수 있는 기회를 얻게 된다.

선진국과 개발도상국이 협력하여 기후 변화에 대응할 수 있도록 돕는 것이 GCF의 핵심 목표로 이를 통해 우리 모두가 더 나은 환경에서 살아 갈 수 있게 한다.

■ 글로벌 리포팅 이니셔티브(GRI, Global Reporting Initiative)

GRI는 1997년에 미국의 환경단체 세레스(Ceres)와 유엔 환경계획(UNEP)이 함께 만든 조직으로 기업이 어떻게 환경을 보호하고, 사회적 책임을 이행하고 있는지 보여주는 보고서를 작성할 수 있도록 도와주는 가이드라인을 제공한다. 2016년에는 이 가이드라인을 발전시켜 'GRI 표준'이라고 부르는 새로운 기준을 만들어졌다. 이 기준은 전 세계 기업들이 사용하고 다양한 업종에 적용할 수 있는 광범위한 지표들을 제공하여 기업들이 지속 가능한 방식으로 운영되고 있는지 평가하는 데 도움을 준다.

GRI 표준은 기업들이 환경 보호와 사회적 책임을 실천하고 있다는 것을 투명하게 보여줄 수 있게 해준다. 이를 통해 기업들은 자신들의 활동이 지속 가능한지 확인할 수 있고, 이해관계자들도 기업의 노력을 쉽게 파악할 수 있다. 이는 기업의 사회적 책임을 강화하고, 지속 가능한 발전을 이루는 데 중요한 역할을 한다.

■ IFRS 재단(International Financial Reporting Standards Foundation)

국제회계기준재단(IFRS Foundation)은 세계적인 비영리 조직으로, 회계와 관련된 국제 기준을 만드는 곳이다. 이 조직에는 전 세계 회계 기준을 설정하는 국제회계기준위원회(IASB)와 기업들이 얼마나 지속 가능한 방식으로 운영되는지 보여주는 보고기준을 설정하는 국제지속가능성기준위원회(ISSB)가 있다. 이 두 기관은 전 세계 기업들이 재무보고와 지속가능성 보고를 명확하고 일관된 방식으로 할 수 있도록 지원한다.

■ IIRC(International Integrated Reporting Council)

국제통합보고위원회(IIRC)는 영국에 기반을 둔 조직으로, 전문 회계사들이 참여해 회계와 보고 방식에 관한 새로운 접근을 제안했다. 이들은 기업이 돈과 같은 물리적 자산뿐만 아니라, 사람(인적 자본)이나 자연(자연 자본)과 같은 다양한 자원을 어떻게 활용하는지도 고려하자는 주장을 하였다. 2021년 6월, IIRC는 미국의 지속가능성 회기준을 다루는 SASB와 합병하여 '가치보고재단(Value Reporting Foundation)'이라는 새로운 조직으로 출발하게 되었다. 이 조직은 기업들이 자신들의 전체 가치를 더 잘 보고하고 평가받을 수 있도록 돕는 데 목표를 두고 있다.

■ 기후변화에 대한 정부 간 협의체(IPCC, Intergovernmental Panel on Climate Change)

IPCC는 전 세계의 기후 변화 문제를 연구하고 해결책을 찾기 위해 유엔이 1988년에 만든 특별한 조직으로 세계기상기구(WMO)와 유엔 환경계획(UNEP)이 함께 만들었다. IPCC의 주요 업무는 기후 변화와 관련된 영향과 문제를 어떻게 해결할 수 있을지 연구한다. 이를 위해, IPCC는 세 개의 실무 그룹을 운영하는데, 각 그룹은 기후 변화에 대한 과학적인 연구(1그룹), 기후 변화가 우리 환경과 사회에 미치는 영향(2그룹), 기후 변화를 줄이기 위한 방법(3그룹)에 초점을 맞춘다. 이 그룹들은 5~7년마다 보고서를 작성하여 전 세계가 기후 변화에 대해 어떤 상황에 있는지, 어떻게 대처해야 하는지 발표한다.

■ **국제지속가능기준위원회(ISSB, International Sustainability Standards Board)**

ISSB는 환경(E), 사회(S), 기업을 운영하는 의사결정구조(G) 즉, ESG와 관련된 규칙을 만드는 새로운 기구로 2021년 11월에 국제회계기준재단(IFRS Foundation)에 의해 설립되었다. ISSB의 주목표는 전 세계적으로 기업들이 어떻게 환경을 보호하고, 사회적 책임을 다하는지, 좋은 의사결정 구조를 갖추고 있는지에 대해 명확하고 일관된 방식으로 정보를 공개할 수 있도록 표준을 만드는 것이다. 이렇게 함으로써, 모든 기업이 같은 기준으로 지속가능성 성과를 보고할 수 있게 되어, 투자자와 일반 대중이 이해하기 쉬워진다.

■ **책임투자원칙(PRI, Principles of Responsible Investment)**

PRI는 투자할 때 환경, 사회, 기업을 운영하는 의사결정구조 등을 고려하여 책임감 있는 방식으로 투자하자는 국제적인 원칙으로 2006년에 유엔(UN)의 전 사무총장 코피 아난이 주도하여 시작되었다. 책임투자원칙을 따르는 투자자들은 자신의 투자가 환경에 미치는 영향, 사회적인 문제, 그리고 기업이 어떻게 운영되는지를 신중하게 고려하여, 더 나은 미래를 위해 금융 자원을 사용하는 것으로 돈을 투자하여 이익을 추구하는 동시에 사회적으로 긍정적인 영향을 미칠 수 있다.

PRI는 투자자들이 단순히 이익 추구에 그치지 않고 사회적 가치 창출에 투자할 수 있도록 기여한다. 이는 지속 가능한 발전을 위해 매우 중요한 역할이다.

PRI가 더욱 발전한다면 전 세계 투자자들이 환경과 사회에 미치는 영향을 고려하는 투자 문화가 정착될 것이다.

■ 지속가능성 회계기준위원회(SASB, Sustainablility Accounting Standard Board)

SASB는 미국의 회계 전문가들이 만든 조직으로 기업들이 어떻게 환경, 사회, 그리고 기업 운영(ESG)에 관련된 문제들을 잘 다루고 있는지를 평가하는 표준을 만들었다. 이 표준들은 기업들이 자신의 영향을 잘 보고할 수 있도록 도와주며, 특히 재무 성과와 연결된 중요한 ESG 요소에 초점을 맞추고 있다. 2018년에 SASB는 총 77개 산업별로 각기 다른 중요한 사항에 대해 정보를 공개하는 지속가능성 보고 표준을 발표했다.

■ 과학 기반 감축 목표 이니셔티브(SBTi, Science Based Targets Initiative)

SBTi는 2015년에 여러 환경 단체들이 함께 시작한 프로젝트로, 기업들이 온실가스를 줄이는 목표를 과학적으로 설정할 수 있도록 지원한다. 참여한 단체로는 탄소정보공개프로젝트(Carbon Disclosure Project, CDP), 유엔글로벌콤팩트(UNGC), 세계자원연구소(World Resources Institute, WRI), 세계자연기금(World Wide Fund for Nature, WWF) 등이 있다.

이 이니셔티브는 특히 2021년 10월에 '탄소 중립 표준(Net Zero Standard)'을 발표했는데, 이 표준은 지구의 온도 상승을 1.5°C 이내로 제한하기 위한 방안으로, 2050년까지 기업들이 자신들의 전체 가치 사슬에서 발생하는 온실가스를 최소 90%까지 줄이고, 나머지 10%는 대기에서 제거하여 탄소 배출을 '제로' 상태로 만드는 것을 목표로 한다.

■ 기후 변화 관련 재무정보 공개 협의체(TCFD, Taskforce on Climate-related Financial Disclosures)

TCFD는 금융기관과 기업이 기후 변화로 인한 위험과 기회에 대해 더 많은 정보를 공개하도록 독려하기 위해 2015년에 금융안정위원회(Financial Stability Board)에 의해 만들어진 그룹이다. 2017년에는 금융기관과 기업이 기후 변화의 위험을 어떻게 관리하고 대응할 수 있는지에 대한 전략을 세우고, 정보를 공개하도록 권장하는 내용의 안내문을 발표했다. 이는 기업들이 기후 변화가 자신들의 재무 상태에 어떤 영향을 미칠 수 있는지를 명확하게 알리고, 이에 따라 적절히 대비할 수 있도록 하기 위함이다.

■ 자연 관련 재무정보공개 태스크포스(TNFD, Taskforce on Nature-related Financial Disclosures)

TNFD는 자연에 해를 끼치지 않고 오히려 도움을 주는 방향으로 세계의 돈이 흐르게 하려는 국제적인 노력의 일환으로 유엔 개발계획(UNDP)과 세계자연기금(WWF) 등 여러 중요한 기관들이 2021년 6월에 함께 만들었다. TNFD의 주요 목표는 회사들이 자연과 환경에 미치는 영향을 재무 보고서에 공개하여, 환경을 해치지 않고 보호하는 방향으로 자금을 사용하도록 돕는 것이다. 이렇게 하면 기업들은 환경보호에 더 많은 관심을 가지고, 지속 가능한 방법으로 사업을 운영하게 된다.

TNFD는 기업들이 자연과 환경에 미치는 영향을 투명하게 공개하도록 함으로써, 기업들이 환경을 더 잘 보호할 수 있도록 한다. 이를 통해 우리 모두가 더 나은 환경에서 살 수 있게 된다.

■ 유엔 환경계획(UNEP, UN Environmental Program)

UNEP는 환경을 보호하고 지구의 환경문제에 대응하기 위해 만들어진 유엔(UN)의 한 부서로 1972년에 스웨덴 스톡홀름에서 열린 인간환경회의와 그해 12월 유엔 총회에서의 결정을 통해 설립되었다. UNEP의 주요 역할은 전 세계적인 환경문제에 대한 협력을 증진하고, 환경 보호에 관한 정책을 제안하는 것이다. 또한, 전 세계의 환경 상태를 지속적으로 검토하고 평가하며, 환경 정보를 수집하고 평가해 그 정보를 전 세계와 공유하는 일도 한다.

■ 유엔환경계획 금융 이니셔티브(UNEP FI, UNEP Finance Initiative)

UNEP Finance Initiative는 지구 환경을 보호하고 지속 가능한 발전을 추구하기 위해, 1991년에 유엔환경계획(UNEP)과 여러 세계적인 금융기관들이 함께 만든 국제적인 파트너십이다. 이 조직은 처음에 은행 업계에서 시작되었고, 나중에는 보험 업계에서도 비슷한 이니셔티브가 생겼다. 2003년에는 이 두 그룹이 합쳐졌고, 그 후로 자산운용사와 연기금 같은 다른 금융 부문들도 참여하였다. 이 조직의 주요 목적은 금융 부문이 지구의 환경 보호와 지속 가능한 발전에 어떻게 기여할 수 있는지를 탐구하고, 실천하는 것이다.

■ 유엔기후변화협약(UNFCCC, UN Framework Convention on Climate Change)

UNFCCC는 1992년 브라질 리우데자네이루에서 열린 환경 회의에서 시작된 국제 협약으로 지구온난화로 인한 기후 변화를 막는 것이 목표이다. 협약은 각 나라가 지구 온난화를 줄이기 위해 온실가스를 얼마나 줄여야 하는지, 그리고 선진국이 기술을 개발도상국에 전달해야 하는 의무 등을 구체적으로 정하고 있다. 또한, 매년 각 회원국이 모여 진행 상황을 논의하고 새로운 결정을 내리는 '당사국 총회(COP)'라는 회의를 열고 있다. 대한민국은 이 협약을 1993년 12월에 공식적으로 승인했다.

출제 예상문제

01. 생물 다양성의 유형 중 다음에서 설명하는 것은?

> 숲에서 발견되는 수많은 식물과 동물 종을 포함해서 다양한 종류의 동식물이 서로 다른 환경에서 살아가는 것

① 유전자 다양성 ② 종 다양성
③ 생태계 다양성 ④ 숲 다양성

02. 다음 중 순환경제에 대한 설명은?

① 자원을 쓰고 버리는 것이다.
② 제품과 재료가 가능한 오래 돌려쓰도록 설계된다.
③ 사용된 자원은 바로 폐기한다.
④ 순환경제 접근 방식은 자원을 절약하고 환경을 보호하지만 경제적으로 손실이 발생한다.

03. 유엔 기후변화협약에서 지목한 지구의 온도를 상승시키는 6대 온실가스에 포함되지 않는 것은?

① 수소(H) ② 이산화탄소(CO_2)
③ 메탄(CH_4) ④ 육불화황(SF6)

04. DE&I의 원칙 중 다음이 설명하는 것은?

> • 모든 사람이 자신이 속한 곳에서 존중받고 가치 있게 여겨진다고 느낄 수 있는 환경을 만드는 것
> • 모든 사람들이 자신의 의견을 자유롭게 표현할 수 있고, 결정 과정에 참여할 수 있으며, 자신이 속한 공동체의 중요한 일원으로 인정받는 것

① 형평성(공평성) ② 다양성
③ 개별성 ④ 포용성

05. CRD는 기업이나 조직이 얼마나 환경에 친화적이고 사회적으로 책임감을 갖고 있는지 보여주는 보고서를 어떻게 작성해야 하는지 알려주는 일종의 길잡이 역할을 하는 비영리 기구이다. (○, ×)

06. 유엔글로벌콤팩트(UNGC)의 10대 원칙은 사람들을 존중하고, 공정한 노동환경을 만들며, 지구를 보호하고 부패를 방지하는 것을 목표로 한다. (○, ×)

07. (　　　　)란 자연에서 지속적으로 공급되는 에너지원에서 얻어지는 에너지로 바람(풍력), 물(수력), 태양광(태양 에너지), 지열 및 바이오 연료 같은 자원이 포함된다.

정답과 해설

01. ②

생물 다양성 중 종 다양성에 대한 설명이다.

02. ②

순환경제의 핵심은 재생 가능한 자원 사용, 제품의 재사용 및 재활용, 폐기물 제거 세 가지이다.

03. ①

유엔기후변화협약에서 지목한 6대 온실가스는 이산화탄소(CO_2), 메탄(CH_4), 아산화질소(N_2O), 수소불화탄소(HFCs), 과불화탄소(PFCs), 육불화황(SF6)이다.

04. ④

포용성은 모든 사람이 자신이 속한 곳에서 존중받고 가치 있게 여겨진다고 느낄 수 있는 환경을 만드는 것으로 포용적인 환경에서는 모든 사람들이 자신의 의견을 자유롭게 표현할 수 있고, 결정 과정에 참여할 수 있으며, 자신이 속한 공동체의 중요한 일원으로 인정받는 것이다.

05. ×

기업이나 조직이 얼마나 환경에 친화적이고 사회적으로 책임감을 갖고 있는지 보여주는 보고서를 어떻게 작성해야 하는지 알려주는 일종의 길잡이 역할을 하는 비영리 기구는 GRI이다.

06. ○

유엔글로벌콤팩트(UNGC)의 10가지 원칙들은 사람들을 존중하고, 공정한 노동

환경을 만들며, 지구를 보호하고, 부패를 방지하는 것을 목표로 한다.

07. 재생 에너지 또는 재생 가능 에너지

재생 가능 에너지란 자연에서 지속적으로 공급되는 에너지원에서 얻어지는 에너지로 바람(풍력), 물(수력), 태양광(태양 에너지), 지열 및 바이오 연료 같은 자원이 포함된다.

읽을 거리

정부차원에서 ESG창업 붐(boom) 조성해야

ESG 이슈가 뜨겁다. ESG는 Environmental(환경), Social(사회), Governance(지배구조)를 의미한다. 좀 더 자세히 설명하면, 환경 측면에서는 기후변화, 탄소중립, 환경오염 완화를 위한 자원 및 폐기물 관리, 에너지 효율화가 중요한 이슈이며, 사회 측면에서는 소비자와 투자자가 사회에 유익(有益)을 주는 기업에 관심을 보이기 시작하였고, 지배구조 측면에서는 투명하고 신뢰도 높은 이사회 구성과 활동, 투명성이 높은 감사제도 운영을 통해 최대한 부패를 방지하고, 기업윤리를 준수함으로써 높은 지배구조 가치를 확보하기 위함이다.

반면, 당면한 기업, 기관, 정부 측면에서의 ESG경영은 중장기적인 리스크 헤지 경영(Risk Hedge Management)이며, 글로벌적으로는 규제를 동반하고 국가와 금융 그리고 기업에는 압력으로 작용하고 있으며, 디지털 전환과 연계해서 혁신하고 있다. 이런 상황 속에서 새로운 지식을 창출하고, 위험을 감수하면서도 사업화를 추진하거나 사업에 반영하려는 의지와 행동은 국가 차원에서 매우 중요한 일이다. ESG창업도 이중에 하나이다. 특히, 수출 의존도가 높은 우리나라의 경우에 EU에서 법률로 규범화되고 있는 다양한 형태의 ESG 규제 압력은 매우 큰 위협요인으로 작용하고 있다.

이와 관련하여, ESG와 관련된 새로운 사업을 창출하고 있는 국내·외 스타트업을 살펴보면 다음과 같다. 식물성 인공고기 제조로 유명한 미국의 Impossible Foods, 2015년 음식폐기물 감축이라는 문제를 해결하기 위해 설립한 영국의 Olio, 모듈별로 수리 교체가 가능하게 설계한 네덜란드의 Fairphone 등은 우리가 주목해 볼 수 있는 대표적인 기업들이다.

우리나라에서도 대기업을 중심으로 ESG 사내벤처가 확산되고 있다. 삼성전자 사내벤처인 에바(EVAR)는 폐배터리를 회수해서 만든 이동형 전기차 자동 충전로봇을 개발했다. 에바를 활용하면 충전소를 찾지 않아도 어디서든 손쉽게 충전이 가능하다. 현대차·기아 사내벤처인 마이셀은 버섯 균사를 활용한 식물성 가죽(비건 레더) 사업의 선두주자다. 카본엔 역시 포스코 사내벤처로 포스코제철 발생하는 이산화탄소를 포집해 고순도 액화탄산가스로 만드는 일을 하고 있다. 액화탄산가스는 탄산음료나 드라이아이스, 용접용 가스 원료로 활용된다.

식음료와 패션업계도 친환경 사내벤처를 적극 육성하고 있다. CJ제일제당은 사내벤처 이노백(INNO100)을 통해 푸드 업사이클링과 식물성 대체유 사업화를 추진하고 있다. 푸드 업사이클링은 깨진 쌀, 콩비지 등 식품 부산물을 활용해 제품화함으로써 식품 폐기물을 줄이고 있으며 패키징도 쓰고 버린 페트병을 재활용하고 있다. 식물성 대체유는 현미, 콩 등 식물성 재료로 만든 우유 대체식품이다. 두 제품 모두 친환경, 식물성 등 ESG 및 가치소비 트렌드에 따라 성장가능성이 매우 클 것으로 기대하고 있다.

결론적으로 우리나라에서 ESG와 관련된 사업영역이 확대되기 위해서는 무엇보다도 혁신적인 사고와 기업가정신이 높아져야 하며, 정부차원에서도 ESG 시민 체감 정책과 ESG창업 붐(boom) 조성과 ESG 이슈에 대한 체계적인 교육과 ESG 지표 및 표준 개발도 함께 병행돼야 한다. 이를 기반으로 ESG와 관련된 표준화, 규제 등에 효과적으로 대비하고, 다양한 아이디어와 기술, 관련 솔루션 개발 등을 통해 ESG 경쟁력이 크게 높아졌으면 좋겠다.

출처: 저자(한광식)가 기고한 내용임을 밝힘.

제3장

ESG 실행 및 실천

1. ESG 관련 법

최근 세계 여러 나라들은 기업들이 환경을 보호하고, 사람들을 공정하게 대우하며, 제대로 기업이 운영되도록 하는 ESG(환경, 사회, 기업을 운영하는 의사결정구조)에 관한 법을 만들고 있다. 이 법은 크게 네 가지 큰 방향으로 나눌 수 있다.

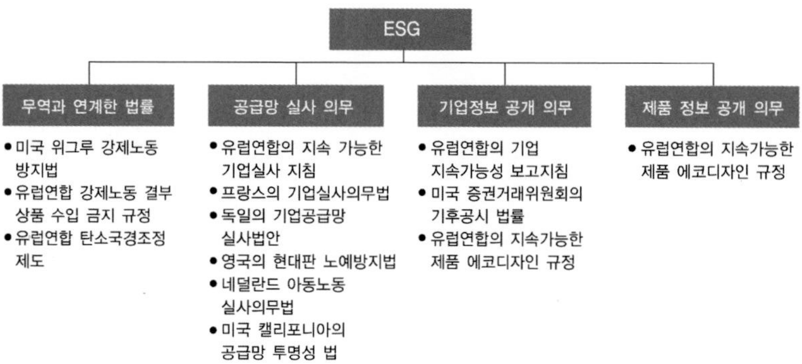

[그림 3-1] **ESG 관련 법률**

• 무역과 연계한 법률

다른 나라와 무역할 때 환경이나 사회적 책임을 잘 지키지 않는 기업에 대해 벌을 주는 것으로 마치 친구와의 약속을 지키지 않으면 벌을 받는 것과 유사하다.

• 공급망 실사 의무

기업들이 자신의 제품을 만들 때 사용하는 재료가 어디서 왔는지, 사용하는 제품들이 만들어지는 과정에서 환경이나 사람들에게 해가 되는 일이 없었는지 확인하는 것이다. 우리가 사용하는 가방이나 옷이 어디서 어떻게 만들어졌는지 알고 싶은 것과 같다.

• 기업정보 공개 의무

기업들이 어떻게 환경을 보호하고, 사람들을 대하는지에 관한 정보를 모두 사람에게 알려야 하는 것이다. 마치 학교에서 우리가 성적표를 받으면 부모님에게 보여주는 것과 같다.

• 제품정보 공개 의무

제품을 살 때 그 제품이 환경에 얼마나 좋은지, 안전한지 등에 대한 정보를 구매하는 사람에게 알려주는 것으로 우리가 간식을 먹을 때 간식의 성분이 건강에 얼마나 좋은지 알고 싶은 것과 같은 의미이다.

이런 법 중에서 특히 12가지는 우리나라 기업들이 주의 깊게 봐야 하는 것으로 기업들이 더 책임감 있는 방식으로 일하도록 돕고, 결국 우리 모두가 더 좋은 세상에서 살 수 있도록 하는 것을 목표로 한다. 이러한 법들은 기업들이 더 좋은 환경 보호자가 되고, 사람들을 더 공정하게 대우하며, 모두에게 투명하게 정보를 공유하도록 하는 역할을 한다.

1.1. 무역과 연계한 법률

■ 미국 위구르 강제노동 방지법(UFLPA)

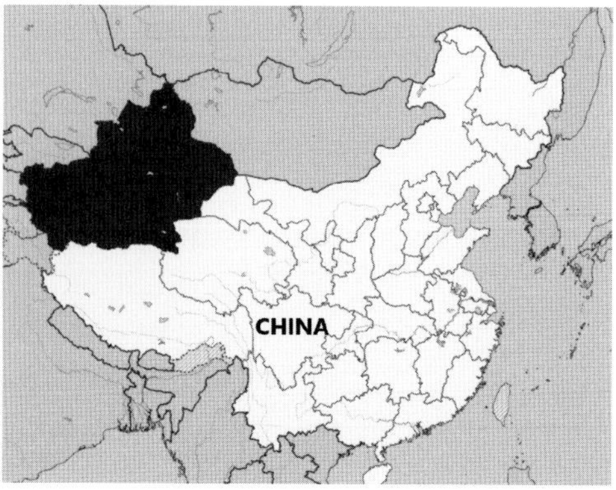

[그림 3-2] **신장 위그루(웨이우얼) 자치구의 지리적 위치**

출처: Wikimedia Commons(https://en.wikipedia.org/wiki/Xinjiang)

미국에는 2022년 6월부터 '위구르 강제노동 방지법(UFLPA)'이라는 특별한 법이 시행되었다. 이 법은 중국 신장 위구르 자치구에서 만들어진 상품이 강제노동으로 생산되었다고 보고, 그런 상품들이 미국 내 수입이 되지 않도록 하는 내용을 담고 있다.

이 법에 따르면, 미국으로 물건을 보내는 사람이 그 물건을 강제노동으로 만들어지지 않았다는 걸 스스로 증명해야 하고, 만약 미국 관세국경보호청(CBP)이 그 증명이 충분하지 않다고 판단하면, 그 상품은 미국에 들어오지 못하도록 붙잡을 수 있다.

특히, 미국 관세국경보호청은 신장에서 재배되는 면화, 폴리실리콘(반도체나 태양광 패널에 쓰이는 재료), 토마토를 강제 노동으로 만들어질 가능성이 높은 상품으로 보고 있다. 이 법은 인권을 중요하게 생각하는 미국 정부가 노동과 관련된 규제를 더 엄격하게 적용하고, 노동문제를 새로운 무역 제재의 수단으로 사용하려는 의도를 가지고 있다.

2022년 6월 21일부터 이 법은 이미 시작되었고, 신장에서 생산된 면화, 폴리실리콘, 토마토가 주요 대상이 되고 있다. 만약 섬유, 반도체, 태양광 제품을 미국으로 수출하거나 이런 품목을 주요 재료로 사용하는 우리나라 기업들은 강제 노동으로 인한 위험을 피하기 위해 자신들의 공급망을 잘 점검해야 한다.

■ 유럽연합(EU) 강제노동 결부 상품 수입 금지 규정

EU에서는 강제노동으로 만들어진 제품을 EU 안으로 들여오지 못하게 하는 새로운 법률이 제정되었다. 강제노동이란 사람들이 자기 의지와 상관없이 억지로 일을 해야 하는 상황으로 학교에서 교사가 학생들에게 원하지 않는데도 불구하고 어떤 일을 해야만 한다고 강요하는 것과 비슷하다. 강제노동은 주로 불공정하고, 때로는 위험한 조건에서 이루어진다.

EU로 제품을 수입하거나 EU에서 제품을 만들어 내는 기업들은 자신들의 제품이 강제노동과 관련 없다는 것을 증명해야 한다. 만약 EU 당국이 어떤 제품을 강제노동으로 만들어졌다고 판단하면, 그 제품은 EU 내에서 팔거나 사용할 수 없게 되고 만약에 그런 제품이 이미 시장에 나와 있다면, 회수해서 처리해야 하고, 비용을 제조사가 부담해야 한다.

EU의 강제노동을 막기 위한 법률은 크게 세 단계로 진행된다.

1단계는 사전단계로 국제노동기구(ILO) 같은 여러 정보를 바탕으로 제품이 강제노동의 위험이 있는지 먼저 확인하는 것이다.

2단계는 조사단계로 제품이 강제노동으로 만들어졌다고 의심된다면, 나라의 당국이 조사를 해서 정말로 강제노동이 있었는지 판단하는 것이다.

3단계는 조치단계이며 조사 결과 제품이 강제노동으로 만들어진 것으로 확인이 되면 유럽 내에서 판매나 수출을 금지하고 이미 시장에 나와 있는 제품은 회수해서 처리하는 것이다.

강제노동으로 만들어졌다고 확인된 제품은 EU 시장에서 바로 회수되고, 판매나 수출이 금지되며 제품들을 폐기하는 과정에서 발생하는 비용은 제품을 만든 제조사가 부담해야 한다. 만약 이 법률을 지키지 않는다면 EU의 법률에 따라 벌금을 물 수 있다.

EU는 이 법률이 잘 시행될 수 있도록 회원국들이 서로 협력할 수 있는 플랫폼인 'EU 강제노동 제품 네트워크'를 만들 계획이다. 이 플랫폼을 통해서 강제노동으로 만들어진 제품이 유럽 시장에 들어오는 것을 막고 모두가 공정하게 일할 수 있는 환경을 만들어 갈 것이다.

EU가 새로운 법을 통해 강제노동으로 만들어진 제품이 유럽 내 수입을 막기로 한 것은 중국의 신장 위구르 지역에서 생산되는 일부 제품 때문이다. EU는 태양광 패널을 만드는 데 쓰이는 폴리실리콘, 면화, 토마토 같은 제품이 강제노동으로 만들어질 가능성이 높다고 보고 이런 제품에 대한 제재를 먼저 시작했다. 하지만, 이 규정은 광물이나 다른 많은 제품에도 적용될 수 있기 때문에 우리 기업들은 법이 어떻게 바뀌는지 계속 주의 깊게 지켜봐야 한다. 우리 기업이 미국이나 유럽으로 제품을 보낼 때, 그 제품이 강제노동에 연루되지 않았다는 걸 확인하는 일이 더 중요해졌으며 우리가 제품을 만들 때 쓰는 재료나 부품이 어디서 오는지, 그리고 그 과정에 강제노동이 없었는지를 꼼꼼하게 살펴봐야 한다.

■ 유럽연합(EU) 탄소국경조정제도(Carbon Border Adjustment Mechanism, CBAM)

EU가 새로 시작한 탄소국경조정제도는 유럽으로 물건을 가져올 때 환경 보호 비용을 내는 것과 같다. 철강, 알루미늄 같은 특정 제품을 유럽에 팔려는 다른 나라의 기업은 그 제품을 만들 때 얼마나 많은 온실가스가 나왔는지를 유럽의 수입업자에게 알려줘야 한다. 이렇게 함으로써, 유럽 내에서 환경을 보호하기 위해 노력하는 기업들과 다른 나라의 기업들이 공정한 경쟁을 할 수 있게 만드는 것이다.

EU는 지구 온난화에 대응하기 위해 '탄소국경조정제도(CBAM)'라는 새로운 법률을 만들었다. 이 법률은 2021년 7월에 처음 소개됐고, 유럽으로 수입되는 몇 가지 특정 제품들에 대해 제품들을 만들 때 발생하는 탄소의 양에 따라 추가 비용을 부과하는 방식이다. 예를 들어, 철강이나 알루미늄 같은 제품들을 유럽에 팔려는 기업들은 이제 그 제품을 만들 때 얼마나 많은 탄소가 배출됐는지를 정확히 계산해서 보고해야 한다. 보고 후 배출된 탄소량에 따라 'CBAM 인증서'를 구매[1)]해야 하는데, 이 인증서의 가격은 유럽의 '배출권거래제(Emission Trading System, ETS[2)])'의 가격과 연결되어 있다.

이 법률에 적용받는 특정 품목은 철강, 알루미늄, 시멘트, 비료, 전력, 수소 등 6개 품목이다. 철강 같은 경우에는 그냥 철강뿐만 아니라 철강을 만들기 위한 원재료나 철강을 사용해서 만든 다른 제품들도 포함되어 있다. 그래서 이 법률에 포함되는 철강 관련 제품이 생각보다 많아질 수 있다. 유기화학 제품이나 폴리머는 이번 법률 목록에 포함되지 않았지만, 나중에 이 제품들도 이 법률에 포함될 가능성이 높다. 즉, 미래에는 이 법률에 적용되는 제품의 범위가 더 확대될 수 있다.

이 법률은 2023년 10월부터 2025년 12월까지는 전환 기간으로, 이때는 업체들이 자신들의 제품이 얼마나 탄소를 배출했는지 분기별로 보고만 하면 된다. 하지만 2026년 1월부터는 이 인증서를 구매하고 제출해야 한다.

이 법률의 목적은 EU 외부에서 오는 제품들도 EU 내에서 생산되는 제품들과 똑같은 환경 기준을 적용받게 해서 지구 온난화를 지연시키기 위한 전 세계적인 노력에 동참하게 만드는 것이며 모든 제품이 환경에 덜 해롭게 만들어지도록 유도하는 것이다.

EU가 시작한 '탄소국경조정제도'는 철강 같은 특정 제품들에 큰 영향을 주지만 이 법률에 추가될 제품이 계속 늘어나고 있기 때문에 기업들은 주의 깊게 살펴봐야 한다. 본 법률은 제품을 만들 때 바로 나오는 탄소배출뿐만 아니라, 제품을 만드는데 필요한 다른 과정에서 나오는 탄소배출도 고려해야 한다. 그래서 우리나라의 기업들도 이 법률에 따라 제품을 EU로 수출할 때 영향을 받을 수 있다. 기업들은 이 법률을 지키기 위한 비용과 의무를 협력

회사에도 요구할 수 있다. 우리 기업들은 본 법률을 지키기 위한 비용이나 규정을 잘 관리해서 경쟁력을 유지해야 한다.

1.2. 공급망 실사 의무

■ 유럽연합의 지속 가능한 기업실사 지침(Corporate Sustainability Due Diligence Directive, CSDDD)

유럽연합(EU)이 환경과 인권을 더 잘 보호하기 위해 'EU 지속 가능한 기업실사[3]지침'이라는 새로운 법률을 만들었다. 이 법률은 기업들이 제품을 만들 때나 팔 때, 그리고 제품을 만드는 과정에 있는 모든 기업들이 환경을 해치거나 사람들의 권리를 무시하지 않도록 확인하는 일을 의무화한 것이다.

대기업들은 자신들이 어떻게 원자재를 구매하고, 제품을 만들고, 판매하는지 확인해서 환경이나 인권에 나쁜 영향을 주지 않도록 해야 한다. 그리고 모든 정보를 온라인에 공개해서 누구나 해당 기업의 환경이나 인권에 대한 활동을 볼 수 있게 해야 한다.

처음에는 이 법률이 많은 기업에 적용될 예정이었지만, 최근에는 주로 대기업들, 즉 EU 내에서 직원 수가 1000명 이상이고, 전 세계에서 벌어들이는 매출이 4억 5,000만 유로 이상인 기업들에게만 적용하기로 해서 적용되는 기업 수가 법률을 처음 제정하던 시점보다 많이 줄었다. 이 법은 2028년부터 시작되고, 기업들은 제품을 만드는 전 과정에서 환경이나 인권에 미치는 영향을 조사하고, 나쁜 영향을 줄이려는 노력을 해야 한다. 만약 이 법률을 이행하지 않으면, 그 회사의 전 세계 매출액의 최대 5%까지 벌금을 내야 한다.

금융회사들은 주로 자신들이 투자하는 곳이 인권이나 환경에 어떤 영향을 미치는지 살펴봐야 한다.

유럽연합(EU)이 공급망 전반에서 환경과 인권 보호를 위해 만든 이 법률은 기업들이 다음과 같은 일을 하도록 [그림 3-3]과 같이 요구하고 있다.

[그림 3-3] **EU 지속가능한 기업실사 법률의 요구사항**

요구사항을 세부적으로 살펴보면 다음과 같다.

- **내재화:** 기업 정책 전반에 실사를 포함시켜, 일상적인 업무의 일부로 만드는 과정
- **식별 및 평가:** 인권, 환경, 거버넌스(기업 운영 방식)와 관련해

자사의 활동이나 공급망에서 나타날 수 있는 실제적 또는 잠재적인 부정적 영향을 찾아내고 평가

- **예방, 완화, 시정:** 발견된 문제를 해결하고, 앞으로 발생할 수 있는 문제를 예방하거나 줄이기 위한 조치
- **고충처리 시스템 구축:** 문제를 제기할 수 있는 시스템을 만들고 운영
- **모니터링 및 공개:** 취한 조치가 실제로 효과가 있는지 지속적으로 확인하고, 실사 결과와 관련 활동을 대중에게 알리기
- **이해관계자와 협의:** 실사와 관련된 다양한 이해관계자들과 소통하고 협력

EU에서 사업을 하는 우리 기업이라면 이 법률을 따라야 하며, 이는 EU 안에 있는 기업뿐만 아니라 EU 바깥에서도 EU로 제품을 수출하는 기업에도 적용된다. 특히 환경이나 인권에 큰 영향을 미칠 수 있는 고위험[4] 산업군에 속한 기업이라면 더 주의 깊게 이 법률을 확인해 봐야 한다. 현재 이 법률의 직접 대상이 아닌 중소기업도, EU나 다른 나라의 기업들과 거래하고 있다면 간접적으로 영향을 받을 수 있어 환경과 인권 관련 기준을 잘 지키면서 사업을 운영하고, 이 새로운 법률이 시행되기 전에 미리 준비하는 것이 필요하다.

이 법률로 EU가 지구를 더 깨끗하게 만들고 공정한 경제로 나아가는 데 도움이 될 것이다.

■ **프랑스의 기업실사의무법(Duty of Vigilance Law)**

프랑스의 '기업 실사의무법'은 대기업들이 자신들의 사업이나, 그 사업에 참여하는 협력 회사들이 환경이나 인권, 건강을 해치지 않도록 확인하고, 문제가 있으면 그것을 해결하도록 [그림 3-4]과 같이 요구하고 있다.

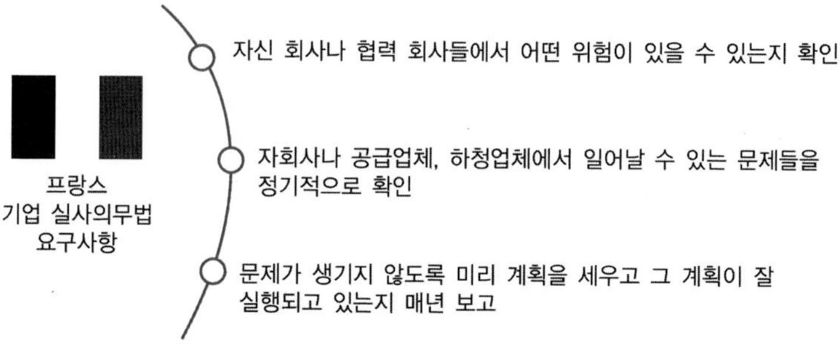

[그림 3-4] **프랑스의 기업 실사의무법 요구사항**

2017년부터 시작된 이 법은 특히 해외에서 일하는 지사나 다른 회사와 협력할 때도 적용된다. 프랑스의 에너지 기업인 토탈(Total)은 우간다와 탄자니아에서 큰 원유 개발 사업을 진행하고 있었다. 이 사업이 환경이나 현지 주민들의 인권에 문제를 일으킬 수 있다고 해서 몇몇 환경과 인권 보호 단체들에 의해 고발을 당했다. 이 단체들은 토탈(Total)이 사업을 하면서 원주민의 땅을 강제로 빼앗고, 제대로 보상도 안 해줬다고 주장하고 있으며, 이 사업으로 인해 지역의 중요한 환경이 파괴될 위험에 있다고 보고, 이와 같은 행동은 프랑스의 '기업 실사의무법' 위반이라고 주장했다. 토탈(Total)은 자신들이 이 법을 잘 지키고 있다고 반박하며 당사는 사업을 진행하기 전에 환경과 인권에 어떤 영향을 미칠지 충분히 조사를 했고, 현지 주민들과도 협력했다고 했으며 심지어, 본 사업으로 인한 환경 파괴를 최소화하기 위해 원래 계획했던 것보다 더 적은 지역을 개발했다고 주장했다.

결국, 몇몇 환경보호단체들이 토탈(Total)을 기업 실사의무 위반으로 프랑스 법원에 제소했다. 그래서 만약 우리나라의 수출 기업이 프랑스의 대기업과 일을 하고 있다면, 프랑스 기업으로부터 인권이나 환경에 관한 조사를 받을 수 있다. 또한, 인권과 환경 문제들을 미리 예방하기 위한 구체적인 방법을 마련하라는 요구를 받을 수도 있기 때문에 기업들은 이 법에 따라 준비하고 대응할 필요가 있다.

■ 독일의 기업공급망실사법안(Act on Corporate Due Diligence in Supply Chains)

독일에서는 2021년에 새로운 법안인 '기업 공급망 실사법안'을 만들었다. 이 법은 독일 기업들이 자신들이 사업을 할 때 인권을 잘 지키고 환경을 보호하도록 요구하는 내용을 담고 있어 강제노동을 사용하지 않고, 환경에 해를 끼치는 물질을 쓰지 않도록 해야 한다.

독일 정부는 2011년에 유엔(UN)의 기업과 인권에 관한 지침을 받아들였고, 2016년에는 이를 더 발전시키기 위한 국가 행동계획도 수립하는 등 관심을 갖고 노력해 왔지만 2021년 독일 기업들을 조사한 결과 많은 기업들이 실제로 이런 기준을 잘 따르지 않는다는 걸 알게 되어 더 강한 규칙이 필요하다고 생각해서 이 법을 만들게 되었다. 이 법에 따르면, 독일에 본사나 주요 지사를 둔 대기업들은 자신들의 사업과 협력회사가 인권이나 환경에 해를 끼치지 않도록 꼼꼼히 살펴봐야 한다. 2023년부터 이 법이 적용되었는데, 처음에는 직원 수가 3,000명 이상인 대기업들부터 시작하고 2024년부터는 직원 수가 1,000명 이상인 기업들도 이 법을 따라야 한다.

기업이 인권이나 환경에 대한 실사를 잘 했는지에 대한 결과는 매년 보고서로 만들어서 공시해야 하며, 이 보고서는 회계연도가 끝난 후 4개월 이내에 온라인에 게시되어야 한다. 만약 기업들이 이 법을 어길 경우 독일 연방경제수출통제청(BAFA)이 제재를 부과할 수 있다. 실사를 제대로 하지 않았거나, 필요한 조치를 취하지 않은 기업에는 매출액의 최대 2% 또는 800만 유로 이하의 벌금이 부과될 수 있다. 더 심각한 의무 위반 시에는 최대 3년간 공적 조달 사업에서 배제되는 등의 행정 제재를 받는 등 정부가 주는 일감에서도 빠질 수 있다. 만약 누군가가 이 법을 지키지 않는 기업 때문에 피해를 보면, 독일의 관련 기관에 항의할 수 있고, 비정부기구(NGO)나 노동조합 같은 단체가 대신해서 법원에 소송을 제기할 수도 있다. 독일의 기업공급망실사법안은 독일뿐만 아니라 세계적으로도 인권과 환경을 중시하는 강력한 법 중 하나로 공급망의 모든 단계에서 인권 문제를 철저히 확인하는 건 어렵다고 보는 비판 의견이 있다. 앞으로 독일 기업들뿐만 아니라 독일과 거래하는 다른 나라의 기업들도 이 법에 맞춰서 준비해야 한다.

■ 영국의 현대판 노예방지법(Modern Slavery Act)

영국에서는 2015년에 사람들이 현대판 노예 상황에 처하지 않도록 보호하기 위한 법으로 '현대판 노예방지법'을 만들었다. 이 법은 기업들이 자신의 사업이나 공급망에서 노예제나 인신매매 같은 일이 일어나지 않도록 주의하고, 그런 일이 없다는 걸 확실히 공개할 것을 요구하고 있다. 기업들은 자신들의 공급망이나 사업에서 이런 불법 행위를 막기 위해 어떤 조치를 취했는지 설명하는 문서를 공개하고, 노예제나 인신매매와 관련된 활동이 전혀 없다는 성명서도 내야 한다. 이런 문서에는 회사의 관련 정책, 위험평가 및 관리 방법, 교육 프로그램 같은 정보를 담아야 한다.

이 법은 영국 내에서 상품이나 서비스를 공급하면서 전 세계 매출액이 3,600만 파운드(약 540억 원) 이상인 모든 기업에 적용된다. 그래서 영국에서 사업하는 우리나라 기업들도 이 법을 잘 지켜야 한다. 만약 우리나라 기업의 전 세계 매출액이 이 기준을 넘는다면, 노예제 위험을 줄이기 위한 조치가 잘 이행되고 있는지, 공급망 내에서 불법 행위가 일어나지 않도록 확실히 해야 하고, 성명서도 내야 한다.

간단히 말해서, '현대판 노예방지법'은 노예제나 인신매매를 방지하려는 영국의 중요한 법으로 영국에서 사업하는 모든 큰 기업은 노예제가 일어나지 않도록 최선을 다해야 한다.

■ 네덜란드의 아동노동 실사의무법(Child Labour Due Diligence Act)

2019년에 네덜란드에서는 아이들이 일하지 않도록 보호하기 위한 '아동노동 실사의무법'이 만들어졌다. 이 법은 기업들이 자신들이 판매하거나 제공하는 상품이나 서비스가 아이들의 노동에 의해 만들어진 것이 아닌지 확인하는 작업을 하도록 요구하며 만약 그런 의심이 든다면, 기업은 그 결과를 네덜란드 정부에 보고해야 한다.

이 법의 특별한 점은, 만약 A회사의 공급망에서 아이들이 일하는 것이 발견되더라도, A회사가 바로 아동노동을 시킨 협력사와 계약을 끊는 것이 아니라 그 협력사에서 아동노동이 다시 일어나지 않도록 하는 계획을 세우도록 도와야 하는 것이다. 이 법은 네덜란드에서 상품이나 서비스를 판매하는 모든 기업에 적용된다. 하지만, 네덜란드 소비자에게 한 해에 단 두 번 이하로만 상품이나 서비스를 판매하는 외국 기업은 이 법에서 제외된다.

네덜란드에 상품이나 서비스를 수출하는 우리 기업들은, 자신들의 상품이나 서비스가 아동노동에 의해 만들어진 것이 아닌지 꼭 확인해야 한다.

■ 미국 캘리포니아의 공급망 투명성 법(California Transparency in Supply Chains Act)

미국 캘리포니아에서는 제품을 만드는 과정에서 강제노동이나 인신매매 같은 것들을 없애기 위해 '캘리포니아 공급망 투명성 법'이라는 특별한 법을 만들었다. 2012년부터 시작된 이 법은 대기업들이 자기네가 만든 제품이 어떻게 만들어지는지, 나쁜 일에 연루되지 않았는지를 투명하게 공개하도록 요구하는 것이다.

이 법은 캘리포니아에서 사업을 하는 매출액이 1억 달러(약 1,200억 원) 이상인 제조업체들에게 적용되며 이 기업들은 웹사이트에 공급망에서 인신매매나 노예노동이 없다는 정보를 올려야 하고, 만약 누군가가 이에 대해 물어본다면 30일 이내에 서면으로 답변해야 한다. 이 법이 중요한 이유는, 대기업들이 제품이 어떻게 만들어지는지 다양한 사람들에게 알려줘야 한다는 것이다. 이렇게 되면 강제노동 같은 나쁜 일을 하는 회사들이 드러나고, 사람들은 그런 회사의 제품을 사지 않을 것이다. 결국, 모든 기업들이 더 인도적인 방법으로 비즈니스를 하도록 독려하는 것이다. 캘리포니아에서 사업하는 우리나라 기업들도 이 법을 잘 알아둬야 한다. 만약 우리나라 기업이 이 법에 따라 제대로 정보를 공개하지 않으면, 문제가 될 수 있기 때문에 우리나라 기업도 이 법에 동참해야 한다.

1.3. 기업정보 공개 의무

■ 유럽연합(EU)의 기업 지속가능성 보고지침(CSRD)

2022년 6월, 유럽연합(EU)은 기업들이 얼마나 환경을 보호하고 사회적 책임을 지고 알리는 새로운 법률인 '기업 지속가능성 보고지침(CSRD)'을 도입했다. 이전에는 비슷한 법률이 있었지만, 많은 사람들이 정보가 충분하지 않다고 생각했다. 그래서 CSRD는 기업이 제공해야 하는 정보의 양과 질을 한층 더 강화하게 되었다.

CSRD의 목표는 기업이 자신들의 활동이 환경에 미치는 영향, 사회적 책임, 운영의 투명성과 관련한 정보를 더 많이 공유하게 만드는 것으로 기업은 자신들의 비즈니스 모델과 전략, 지속가능성 목표, 그 목표를 달성하기 위한 노력 등에 대해 자세히 보고해야 하고 공급망 내에서 발생할 수 있는 부정적 영향을 방지하거나 줄이기 위한 조치들에 대해서도 설명해야 한다.

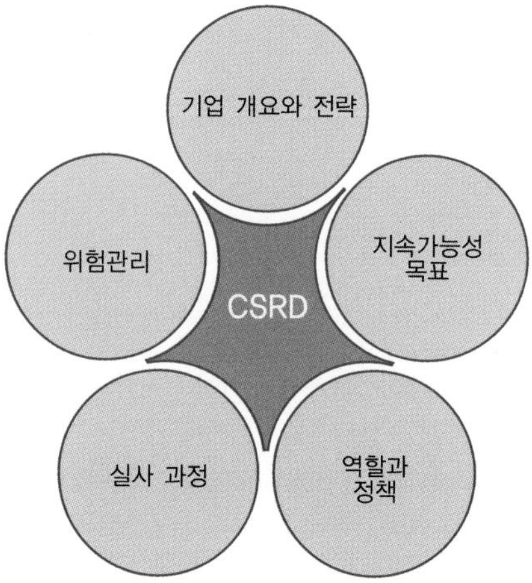

[그림 3-5] CSRD 요구사항

CSRD는 구체적으로 다음을 요구한다.

- **기업 개요와 전략:** CSRD는 기업이 어떤 비즈니스 모델을 가지고 있으며, 어떤 전략을 세워 지속가능성 목표를 달성하려고 하는지 보고
- **지속가능성 목표:** 기업이 세운 지속가능성 목표와 그 목표를 달성하기 위해 실행하고 있는 구체적인 과정들에 대해서 설명
- **역할과 정책:** 경영진이나 감독기관이 지속가능성과 관련해 어떤 역할을 하는지, 기업 내에서 어떤 정책을 시행하고 있는지

공개

- **실사 과정**: 기업의 제품이나 서비스가 환경이나 사회에 어떤 부정적 영향을 줄 수 있는지, 그리고 그런 영향을 최소화하기 위해 어떤 조치를 취했는지에 대한 정보를 제공
- **위험 관리**: 기업이 직면할 수 있는 주요 지속가능성 위험과 그 위험을 관리하기 위한 방안도 보고

이 법률은 EU에 상장된 모든 회사에 적용되며, 상장 여부와 상관없이 자산규모가 2천만 유로 이상, 순매출이 4천만 유로 이상, 직원 수가 250명 이상 중 최소 두 가지 이상에 해당하는 모든 기업이 해당된다. 시작 시기는 기업 유형에 따라 다르며, 2025년부터 시작된다. EU에 직접 속해 있지 않은 기업도, EU시장에 진출하거나 EU에 상장되어 있다면 이 규칙을 따라야 하며 EU 내에서 비즈니스를 하고자 하는 모든 기업이 환경, 사회, 기업을 운영하는 의사결정구조(ESG)에 관해 더 책임감 있게 행동하도록 독려하는 것이다.

간단히 말해서, CSRD는 유럽에서 사업을 하는 모든 기업이 자신들이 어떻게 지구를 보호하고, 사회에 기여하며, 잘 운영되고 있는지에 대해 더 많은 정보를 공개하게 만드는 법률이다. 이로 인해 사람들은 기업이 환경과 사회에 어떤 영향을 미치는지 더 잘 알 수 있게 되고, 기업들은 더 좋은 세상을 만드는 데에 기여하게 된다.

■ 미국 증권거래위원회(SEC)의 기후공시 법률

미국 증권거래위원회(SEC)는 기업들이 환경에 더 신경 쓰도록 하기 위한 새로운 법률을 제정하였다. 증권거래위원회(SEC)는 증시에 상장된 모든 회사가 얼마나 많은 온실가스를 배출하는지, 기후 변화 같은 환경 문제가 우리 회사의 사업에 어떤 영향을 미치는지를 알 수 있도록 공개해야 한다.

이 법률에 따르면, 기업들은 자신이 직접 배출하는 온실가스(Scope 1)와 사용하는 에너지로 인해 간접적으로 배출하는 온실가스(Scope 2)에 대한 정보를 2026년부터 공개하도록 했다. 미국 증권거래위원회(SEC)가 처음에는 기업들이 자사의 제품이나 서비스를 만들고 판매하는 전체 과정에서 나오는 온실가스(Scope 3)까지 공개하도록 할 예정이었다. 이 부분은 많은 기업들이 어렵다고 해서 현재는 스코프(Scope) 3에 대한 정보를 꼭 공개하지 않아도 된다.

이런 규칙이 만들어진 이유는 기후 변화가 심각한 문제가 되고 있기 때문이다. 바이든 대통령이 집권하면서 미국은 파리협정에 다시 가입하고, 기후 변화에 적극적으로 대응하기 위한 여러 정책을 추진하고 있다. 이번 SEC의 결정도 그런 노력의 일환으로, 사람들이 회사를 평가할 때 환경에 미치는 영향도 중요하게 생각하게 만들려는 목적이 있다.

특히 캘리포니아주 같은 경우는 더 엄격해서, 상장 여부와 상관없이 큰 회사들은 기후 위험에 대한 정보를 공개해야 한다. 이렇게 된다면, 회사들은 환경을 보호하는 데 더 많은 노력을 기울일 것이다. 기후 위기에 대해 관심을 갖고, 환경친화적인 사업 방식을 추구하는 회사에 더 많은 투자가 이루어질 것으로 기대된다.

이 규칙은 미국에 있는 회사뿐만 아니라 미국과 사업을 하는 모든 회사에 영향을 줄 수 있다. 우리나라 회사들도 이 규칙을 잘 알아두고, 준비하는 게 중요하다. 결국 우리가 살고 있는 지구를 더 잘 보호하고, 기후 위기를 해결하기 위한 노력의 일부라는 걸 기억해야 한다.

1.4. 제품정보 공개 의무

■ 유럽연합(EU)의 지속가능한 제품 에코디자인 규정(ESPR)

유럽연합(EU)은 환경을 보호하고 지속 가능한 미래를 위해 새로운 법률을 발표했다. '유럽연합(EU)의 지속가능한 제품 에코디자인 규정(ESPR)'은 기존의 환경 관련 법규를 강화하고 확장하여 제품의 설계부터 폐기까지 전 과정에서 환경에 미치는 영향을 최소화하는 것이 목적이다. 지속가능한 제품 에코디자인 규정(ESPR)은 제품을 얼마나 오래 사용할 수 있는지, 쉽게 수리할 수 있는지, 재활용이 가능한지 등 여러 가지 환경적 요소를 고려하도록 제조업체에 요구하고 있다. 예를 들어, 제품을 더 오래 사용할 수 있도록 만들어야 하고, 사용자가 쉽게 수리할 수 있어야 하며 제품을 사용할 수 없게 되었을 때, 가능한 한 많은 부분이 재활용될 수 있도록 해야 한다.

이 법률의 새로운 중요한 개념 중 하나는 '디지털 제품여권'이다. 이 디지털 여권에는 제품에 대한 모든 중요한 정보를 담게 된다. 제품을 만들 때 어떤 원재료를 사용했는지, 제품을 어떻게 사용, 유지, 수리하고 최종적으로 어떻게 폐기해야 하는지 등의 정보가 포함된다. 이 정보는 소비자가 제품을 구매할 때 환경적인 측면을 고려할 수 있게 해줄 것이다. 이 법률은 EU 시장에 판매되는 대부분의 제품에 적용되며 음식, 의약품, 수의약품 등 일부 품목은 제외되지만, 대부분의 물리적 제품이 이 법률의 대상이 된다. 제품 제조업체뿐만 아니라 유통업체와 판매업체도 이 법률을 따라야 한다.

EU는 2023년 3월 이 법률을 발표하고 의견수렴을 진행했다. 이 법률이 제정되면 기업들은 법률에 맞춰 제품을 설계하고 생산해야 하며 법률을 지키지 않는 제품은 EU 시장에서 판매할 수 없게 된다.

이 법률은 환경 보호와 지속 가능한 소비를 장려하기 위한 중요한 출발로 제품을 더 오래 사용하고, 더 쉽게 수리하며, 재활용을 촉진함으로써 자원 낭비를 줄이고 환경에 미치는 부정적인 영향을 최소화할 수 있을 것으로 제조업체, 소비자, 그리고 인류의 모두에게 이득이 되는 변화이다.

2. 알아야 할 ESG 관련 기관과 프레임워크

2.1. ESG 관련 기관

■ 글로벌 보고 이니셔티브(GRI, Global Reporting Initiative)

GRI는 기업이나 조직이 얼마나 환경에 친화적이고 사회적으로 책임감을 갖고 있는지 보여주는 보고서를 어떻게 작성해야 하는지 알려주는 일종의 길잡이 역할을 하는 비영리 기구이다. 1997년에 미국의 환경단체와 유엔 환경계획이 함께 만들었고, 그 목적은 세계 곳곳의 기업들이 자신들의 환경적, 사회적 영향을 잘 파악하고 이를 투명하게 공개하도록 돕는다.

GRI가 제공하는 가이드라인, 즉 지속가능성 보고표준은 기업들이 경제적 성과뿐만 아니라 환경 보호 활동이나 사회적 책임을 어떻게 이행하고 있는지에 대해서도 자세히 알릴 수 있게 해준다. 가이드라인은 2000년에 처음 나왔고, 이후 많은 내용을 담아서 G2, G3, G4 등으로 발전했다. 2016년에는 GRI Standards라는 이름으로 더 체계화된 표준을 발표했고, 지금도 계속 업데이트된다.

GRI Standards는 경제, 환경, 사회라는 3개 영역에서 여러 가지 세부적인 주제에 대한 보고 방법을 알려주고 있다. 다시 설명하면 기업이 얼마나 많은 에너지를 사용하는지, 지역사회에 어떤 영향을 미치고 있는지 등에 대한 정보를 모으고 보고하는 방법에 대한 지침을 제공한다.

전 세계적으로 많은 기업과 조직이 GRI 가이드라인에 따라서 지속가능 보고서는 투자자나 소비자 같은 다양한 사람들이 기업의 활동을 평가하는 데 중요한 정보로 활용하고 있다. 그리고, 기업이 더 환경적이고 사회적으로 책임 있는 방향으로 나아가도록 독려하는 역할을 한다.

■ **국제표준화기구(ISO, International Organization for Standardization)**

ISO 26000은 기업이나 조직이 사회적으로 어떤 책임을 져야 하는지에 대해 알려주는 일종의 길잡이와 같은 국제표준이다. 이 표준은 우리가 살고 있는 세상에서 발생하는 여러 문제, 예를 들어 빈곤, 불평등, 환경 문제 등을 해결하기 위해 기업들이 어떻게 행동해야 하는지에 대한 가이드라인이다.

2004년에 국제표준화기구(ISO)에서 이 표준을 만들기로 결정했고, 5년 동안의 노력 끝에 2010년에 발표했다. 이 과정에는 전 세계 90여 개국에서 온 다양한 분야의 전문가들이 참여하였고 이들은 정부, 기업, 노동 단체, 비영리 단체 등 사회의 다양한 구성원들로부터 의견을 모았다.

ISO 26000은 크게 7가지 주제로 기업의 운영과 관련된 중요한 부분들로 기업운영의 의사결정 구조(회사가 어떻게 관리되고 있는지), 인권(사람들의 권리 존중), 노동 관행(직원들의 근무 환경), 환경(지구 보호), 공정 거래(정직하고 투명한 비즈니스 행동), 소비자 이슈(소비자 권리 보호), 지역사회 참여 및 개발(사회에 기여하는 방법) 등을 포함하고 있다. 하지만 ISO 26000은 기업이 반드시 따라야 하는 규칙을 정하는 것이 아니라, 좋은 사회적 책임을 실천하는 방법에 대한 조언을 제공하는 가이드라인으로 다른 ISO 표준처럼 인증을 받는 것이 아니다. 기업이나 조직이 자발적으로 참고하며 사용할 수 있어 실제로 이 규정을 어떻게 적용할지는 각 기업이나 조직의 상황에 따라 다르다.

이 표준은 전 세계적으로 많은 기업과 조직에 사회적 책임을 어떻게 하는지에 대한 기준을 제시해 왔지만 어떻게 적용하ㄴ냐는 각자의 선택에 달려 있기 때문에, 기업마다 다양한 방식으로 이 표준을 활용하고 있다.

■ 온실가스 회계처리 및 보고기준(GHG Protocol for Corporate Accounting and Reporting Standard)

GREENHOUSE GAS PROTOCOL

GHG Protocol은 기업이나 정부 같은 기관들이 얼마나 많은 온실가스를 배출하는지 계산하고 그 정보를 알려주는 국제적인 규칙이다. 1997년에 세계자원연구소(WRI)와 세계지속가능발전기업협의회(WBCSD)에 의해 만들어졌고, 1998년부터 우리가 기후 변화에 어떻게 대응하고 있는지를 더 잘 이해하고 관리할 수 있게 도와주는 역할을 하고 있다.

이 규칙은 크게 세 가지 주요 영역, 즉 스코프(Scope)1, 스코프(Scope)2, 스코프(Scope)3으로 나누어져 있으며 스코프(Scope)1은 기업이 직접 운영하는 활동에서 나오는 온실가스 배출을 말하고, 스코프(Scope)2는 기업이 사용하는 전기나 열 같은 에너지를 만들 때 발생하는 온실가스이다. 스코프(Scope)3은 기업의 전체 가치 사슬에서 나오는 온실가스 배출을 말하는데, 이는 기업이 직접 관리하지 않는 활동에서 발생하는 배출까지 포함하는 것이다. 예를 들어, 원자재를 공급받거나 제품을 소비자에게 배송할 때 발생하는 배출이 여기에 해당된다.

GHG Protocol은 온실가스 배출 정보를 공개하는 국제적인 표준으로 자리 잡았고, 세계적으로 많은 기업이 이 표준을 따른다. 실제로, 2016년에는 글로벌 500대 기업 중 92%가 GHG Protocol을 사용해서 자신들의 온실가스 배출 정보를 계산하여 공개하고 있다. 이렇게 정보를 공개함으로써 기업들은 환경 영향을 더 잘 이해하고, 온실가스 배출을 줄이기 위한 노력을 할 수 있게 된다.

■ 지속가능성 회계기준위원회(SASB, Sustainability Accounting Standards Board)

SASB(지속가능성 회계기준위원회)는 기업들이 투자자들에게 중요한 환경, 사회, 그리고 기업을 운영하는 의사결정구조(ESG)에 관한 정보를 어떻게 보고해야 하는지에 대한 기준을 만드는 조직이다. 2011년에 만들어졌으며 미국 기업들이 증권거래위원회(SEC)에 제출하는 보고서 내용의 기준을 제시한다.

SASB는 2018년에 77개의 산업별로 어떤 ESG 정보가 중요한지를 정리한 표준을 발표하여 투자자들이 어떤 기업이 환경을 얼마나 잘 보호하고 있는지, 직원들을 잘 대하고 있는지 같은 다양한 정보를 바탕으로 기업들의 성과를 비교하기 쉬워졌다.

GRI 같은 다른 지속가능성 보고 표준이 이미 있지만, SASB는 좀 더 재무적 성과와 연관된 ESG 요소에 초점을 맞춘 간결한 지침으로 많은 주목을 받았다. 특히 세계적인 투자회사 블랙록(BlackRock)의 대표인 래리 핑크가 SASB 표준을 사용할 것을 요구하면서 많은 관심을 받았다. 그리고 2020년에는 국제통합보고위원회(IIRC)와 합병하기로 결정했고 통합된 후 기업들이 비재무 정보를 더 잘 공시할 수 있는 종합적인 표준을 제공할 계획이다.

간단히 말해서, SASB는 기업들이 환경이나 사회적 책임에 얼마나 잘 대응하고 있는지를 투자자들에게 명확하게 알려주기 위한 규칙을 만드는 데 중요한 역할을 수행하고 투자자들은 더 많은 정보를 가지고 투자 결정을 내릴 수 있게 된다.

■ 글로벌 지속가능투자연합(GSIA, Global Sustainable Investment Alliance)

GSIA(글로벌 지속가능투자연합)는 여러 나라의 지속가능투자 기관들이 2014년에 함께 만든 단체로 지속 가능한 투자에 대한 정보를 공유하고, 다양한 활동을 함께 하기 위해 만들어졌다. 지속 가능한 투자는 환경, 사회, 기업운영의 의사결정 구조(ESG)와 같은 요소를 고려해 투자하는 것이다.

GSIA는 ESG를 기반으로 한 투자 방식을 7가지로 나눠 설명하고 있다. 부정적인 영향을 끼치는 산업을 투자에서 제외하는 '네거티브 스크리닝', 긍정적인 ESG 성과를 보이는 기업에 투자하는 '포지티브 스크리닝', 특정 법률에 부합하는 기업에 투자하는 '법률 기반 스크리닝', 투자 결정 과정 전반에 ESG 요소를 통합하는 'ESG 통합', 지속 가능한 테마에 기반한 투자, 사회적 영향을 미치는 투자, 그리고 기업과의 소통 및 주주 활동 등이 포함된다.

이 중 'ESG 통합' 방식은 최근에 인기를 끌고 있는 방법으로 투자 목적이나 포트폴리오 결정 등 투자의 모든 단계에 ESG를 적극적으로 반영하는 것으로 단순히 나쁜 산업을 배제하고, 좋은 영향을 미치는 기업에 투자해서 사회와 환경에 긍정적인 변화를 유도하는 방식이다.

GSIA는 2년마다 전 세계 지속 가능 투자의 규모를 조사해 발표하기 때문에 이를 통해 지속 가능 투자가 얼마나 빠르게 성장하고 있는지 알 수 있다. 예를 들어, 2012년에는 전 세계적으로 13.2조 달러였던 지속가능투자 규모가 2018년에는 30.7조 달러로, 그리고 2020년에는 더 증가해 40.5조 달러에 이르렀다. 이런 증가 수치는 사람들이 환경이나 사회적 책임 등을 중요하게 생각하여 투자 결정을 내리고 있다는 걸 보여준다.

■ 유엔 책임투자원칙(UN PRI, United Nations Principles of Responsible Investment)

UN PRI(유엔 책임투자원칙)는 전 세계 투자자들이 책임감 있게 투자하도록 돕는 규칙으로 2006년에 코피 아난 전 유엔 사무총장이 주도했다. 이 원칙에 따르면, 기업들은 돈을 투자할 때 환경, 사회, 기업 운영(ESG)에 어떤 영향을 미칠지 생각을 해야 한다.

2021년 기준으로 전 세계에 3,615개의 기관이 UN PRI에 동참하고 있으며 한국에서는 국민연금을 포함한 11개 기관이 가입했다. UN PRI에 가입하면 기관은 돈을 어떻게 투자하고 있는지,

ESG 문제를 어떻게 다루는지 매년 보고를 해야 한다.

UN PRI는 책임 있는 투자를 실천하기 위한 6가지 원칙으로 투자할 때 ESG 문제를 고려하고, 투자받는 기업들에게도 ESG 정보를 공개하도록 요구하며, 전체 투자 산업이 이 원칙들을 받아들이고 실천하도록 돕는다.

PRI에 가입한 기관은 매년 이 원칙을 얼마나 잘 따르고 있는지 평가를 받는다. 평가는 A+에서 E까지 등급으로 나뉘며, 만약 충분히 좋지 않다는 평가를 받으면 다시 기회를 받아 개선할 수 있지만, 충분히 개선되지 않으면 PRI 가입에서 제외될 수 있다. 또한, UN PRI의 새 규칙에 따르면 가입 기관은 관리하는 자산의 절반 이상에서 책임투자 정책을 실행해야 하고, 이를 관리할 직원과 감독할 임원을 배치해야 한다. 이것은 투자 과정에서 더 많은 책임을 지고, 우리 사회와 환경에 좋은 영향을 미치려는 목적이 있기 때문이다.

■ 탄소정보공개프로젝트(CDP, Carbon Disclosure Project)

CDP는 영국에서 시작된 특별한 조직으로 전 세계의 많은 회사들이 어떻게 환경을 보호하고 있는지, 특히 기후 변화에 어떻게 대응하고 있는지 정보 공개를 돕는다. 9,600개가 넘는 크고 작은 회사들은 CDP에 정보를 제공하고, 이 정보를 모아서 투자자나 은행 같은 금융기관에 알려준다. 이렇게 하면 돈을 빌려주거나 투자할 때 환경을 생각하는 회사에 더 많은 지원을 할 수 있도록 도와줄 수 있다.

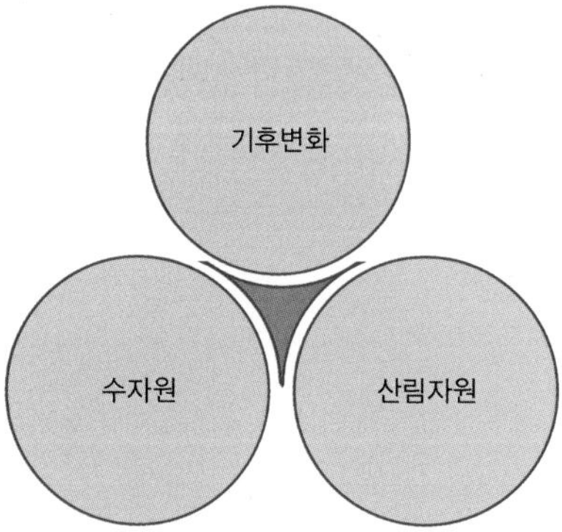

[그림 3-6] CDP의 주요주제

CDP는 크게 세 가지 큰 주제에 대해 회사들의 활동을 확인한다.

첫 번째는 '기후변화'로 회사가 얼마나 많은 온실가스를 배출하고 있는지, 온실가스를 줄이기 위해 계획을 세우고 있는지 등을 확인하고, 이 부분에서는 회사가 어떻게 이 문제를 관리하고 있는지도 중요하게 살펴본다.

두 번째는 '수자원'으로 회사가 물을 얼마나 쓰고 있는지, 물을 사용하는 일이 회사에 얼마나 중요한지, 그리고 물을 아끼고 보호하기 위한 정책을 가지고 있는지 등을 확인하고 물 사용에 관한 결정을 어떻게 내리고 있는지도 살펴본다.

세 번째는 '산림자원'으로 회사 활동이 숲을 해치고 있는지, 예를 들어 회사 제품을 만들 때 사용하는 원자재가 숲을 해치지는 않는지, 숲을 보호하기 위한 회사 정책 등을 확인하고 회사가 숲을 보호하는 일을 어떻게 결정하고 관리하는지도 중요하다.

회사들이 이 세 가지 주제에 대해 잘 대응하고 있는지에 따라

CDP는 A부터 D까지 등급을 매기고 정보를 안 주거나 부족한 회사는 F등급을 받게 된다. 우리나라에서는 삼성전기나 신한금융그룹이 최고 등급인 A를 받았다.

최근에는 CDP가 온도평가(temperature rating) 시스템을 개발하여 투자자들은 회사가 영업활동으로 인해 지구 온난화에 영향을 미치고 있는지 알 수 있게 되었고 이를 통해 투자자들은 지구를 더 잘 보호할 수 있는 방향으로 투자 결정을 내릴 수 있게 되었다.

■ MSCI(Morgan Stanley Capital International)

MSCI는 세계에서 가장 큰 회사로, 기업들이 얼마나 환경을 보호하고, 사람들을 잘 대우하며, 제대로 운영되고 있는지를 평가한다. 이 평가를 'ESG 평가'라고 하는데, 여기서 'E'는 환경(Environmental), 'S'는 사회(Social), 'G'는 기업을 운영하는 의사결정구조(Governance)를 의미한다. MSCI는 1999년부터 ESG 평가를 시작하고, 여러 기업을 합치며 평가 능력을 향상시켰다. 최근에는 기후변화에 대응하는 기업도 인수했다.

이 평가는 회사가 공개한 자료나 정부의 데이터베이스, 여러 경제 데이터 등을 사용해서 이뤄지고, 평가받는 회사도 자신들에 대한 정보가 정확한지 확인할 수 있는 기회를 제공한다. 평가는 환경, 사회, 기업 운영의 세 분야에 걸쳐 진행되며, 총 10개 주제와 35개 중요한 문제로 구성되었다. 각 회사는 AAA부터 CCC까지, 7단계의 등급을 받게 되며 등급 부여에는 기업 운영의 평가가 특히 중요하다. 평가 결과는 매주 업데이트되며, 회사에 대한 깊이 있는 분석은 일 년에 한 번씩 제공된다.

환경 부문에서는 기후변화 대응, 생물 다양성 보호, 오염 및 폐기물 처리, 청정 기술과 재생에너지 같은 환경적 기회에 대해 평가하고 사회 부문에서는 노동 조건, 제품의 안전성, 지역사회와의 관계, 취약계층에 대한 기회 제공 등을 확인하고 마지막으로 기업 운영 부문에서는 이사회의 역할, 경영진의 보상, 부패 방지 등을 평가한다. 결국, MSCI의 ESG 평가는 회사가 세상에 어떤 영향을 미치고 있는지, 그리고 더 나은 미래를 위해 잘 준비하고 있는지를 보여주는 중요한 도구로 사용된다.

2.2. ESG 프레임워크

■ AccountAbility

AccountAbility는 1995년 영국에서 시작된 비영리 단체로, 회사가 친환경적이고 사회적으로 책임감 있게 운영되고 있는지를 검증하는 국제적인 기준을 만든다. 이 단체는 전 세계 여러 나라의 전문가들과 함께 회사의 지속 가능한 경영 보고서를 제대로 검증할 수 있는 규칙, AA1000 시리즈를 개발했다. 이 시리즈는 회사가 발행한 보고서를 신뢰할 수 있는지, 회사와 이해관계자들이 어떻게 소통하는지, 그리고 회사가 사회에 영향을 주고 있는지를 평가하는 기준을 제시한다.

AA1000 시리즈에는 크게 세 가지 주요 부분이 있다. 첫 번째는

AA1000AP로 회사가 보고서를 어떻게 검증해야 하는지의 원칙을 다루고 두 번째는 AA1000AS로 구체적으로 보고서 검증을 어떻게 진행해야 하는지의 절차를 설명하며 마지막으로 AA1000SES는 회사와 이해관계자들이 어떻게 의미 있게 소통할 수 있는지에 대한 지침을 제공한다.

2021년에는 AA1000AS의 새 버전이 발표되었는데, 검증 과정이 더 엄격해졌다. 새롭게 추가된 '임팩트(Impact)'라는 원칙은 회사의 활동이 사회와 환경에 어떤 영향을 미치는지를 중요하게 평가하고 검증 기관은 회사의 보고서가 사회와 환경에 끼치는 실제 영향을 얼마나 잘 측정하고 관리하는지에 대한 의견도 제시해야 한다. 이런 방식으로 AccountAbility는 회사들이 지속 가능한 방식으로 운영되고 있는지를 보다 정확하게 평가하고, 그 결과를 신뢰할 수 있도록 돕고 있다.

■ 기후정보공개표준위원회(CDSB, Climate Disclosure Standards Board)

CDSB Climate Disclosure Standards Board

CDSB는 우리가 기후 변화에 대해 얼마나 잘 대응하고 있는지 알려주는 중요한 정보를 공개하도록 도와주는 조직이다. 2007년에 여러 환경단체와 기업들이 모여서 시작했고 목표는 회사들이 기후 변화와 관련된 모든 정보를 정확하고 투명하게 보고하도록 하는 것이다. 이를 통해 우리는 회사들이 환경에 어떤 영향을 주고 있는지, 기후 변화에 어떻게 대응하고 있는지 알 수 있다.

CDSB는 여러 나라의 많은 회사들이 사용할 수 있는 특별한 보고 방법인 프레임워크를 만들었다. 이 프레임워크는 회사가 기후 변화에 관한 전략이 무엇인지, 위험과 기회는 무엇인지, 그리고 온실가스는 얼마나 배출하고 있는지 등을 정리해서 보고하도록 했다. 마치 회사가 돈과 관련된 정보를 보고하는 것처럼 환경 정보도 엄격하게 보고해야 한다는 것이다.

2020년에는 CDSB를 포함한 세계의 주요 기관이 모여서 환경 정보 공시에 관한 새로운 글로벌 표준을 만들기로 했다. 그래서, 기업들이 어떻게 기후 변화와 관련된 정보를 더 잘 보고할 수 있을지에 대한 논의를 시작했고 이를 통해서 우리는 기업들이 환경에 어떤 영향을 주고 있는지 알고, 또 기후 변화에 어떻게 대응해야 할지를 잘 이해할 수 있게 도와준다.

■ CRD(Corporate Reporting Dialogue)

CRD는 여러 국제기관들이 모여 만든 팀으로 목표는 기업이 어떻게 환경이나 사회에 영향을 주고 있는지에 대한 정보를 더 잘 이해할 수 있게 하는 것이다. 2014년에 시작된 이 프로젝트는 모든 조직의 규칙과 지침들을 잘 조합해서, 기업들이 환경 보호나 사회적 책임에 대해 얼마나 잘하고 있는지를 더 명확하게 알려주려고 노력하고 있다. 2019년에는 기후 변화에 대응하는 방법에 초점을 맞춘 보고서를 만들어 기업들이 어떻게 환경에 긍정적인 영향을 줄 수 있는지, 위험을 어떻게 줄일 수 있는지, 그리고 목표는 무엇인지에 대한 정보가 담겨 있다.

CRD의 최종 목적은 정보를 제공하는 것뿐만 아니라, 기업들이 환경이나 사회에 미치는 영향을 재무 성과와 어떻게 연결할 수 있는지를 탐구하는 것으로 미래에는 기업들이 그들의 환경적이거나 사회적인 영향을 돈으로 환산한 성과와 함께 공개할 수 있도록 돕고자 한다. 기업은 CRD를 통해 세상에 끼치는 영향을 더 잘 이해하고 판단할 수 있게 된다.

■ **국제통합보고위원회(IIRC, International Integrated Reporting Council)**

IIRC는 기업들이 환경, 사회와 어떻게 상호 작용하는지 기업 운영 현황을 알려주기 위해 만들어졌다. 이 조직은 2010년 기업의 지속 가능한 성장을 지원하려는 기관들이 모여 만든 조직이다.

IIRC는 기업이 다양한 자원을 어떻게 사용하고 관리하는지 보여주는 새로운 방식의 보고서로 기업이 재무적인 성과뿐만 아니라 환경적, 사회적, 그리고 기업 운영에 중요한 다른 요소들을 어떻게 다루고 있는지도 설명해야 한다. 기업이 어떻게 자연 자원을 사용하고, 직원들을 대하는지, 그리고 사회와 어떤 관계를 맺고 있는지에 대한 정보가 포함되어 있다. IIRC는 기업의 정보가 단기적인 이익뿐만 아니라 장기적인 가치 창출에 중요한 역할을 한다고 판단했고 전 세계 70개국 이상의 2,500개가 넘는 기업들이 이 방식을 활용하여 보고서를 작성해 보고하고 있다.

2022년에는 IIRC가 SASB라는 조직과 합쳐져서 새로운 이름인

Value Reporting Foundation을 만들어 기업들이 더 효과적으로 정보를 공유하고, 중요하다고 생각하는 가치에 초점을 맞추도록 도와주고 있다.

■ 과학기반 목표 설정 이니셔티브(SBTi, Science Based Targets initiative)

SBTi는 전 세계적으로 기후 변화에 맞서고 있는 기업들에게 과학적 근거를 바탕으로 온실가스 감축 목표를 설정하도록 돕는 조직이며 파리 기후 협약의 중요 목표인 지구의 온도 상승을 2℃ 이하로 제한하고, 가능한 한 1.5℃ 이하로 유지하려는 노력의 일환으로, 2015년 CDP, 유엔글로벌콤팩트(UNGC), 세계자원연구소(WRI), 세계자연기금(WWF) 등의 유력한 환경 및 지속가능성 조직들이 협력하여 설립했다.

SBTi는 기업들이 기후 변화에 대응하기 위해 설정하는 감축 목표가 글로벌 온도 상승 제한 목표에 부합하는지를 과학적으로 검증하는 역할을 하고 있으며, 기업이 SBTi에 참여하려면 절차를 밟아야 한다.

가장 먼저, 기업은 SBTi에 참여하겠다는 약정서(Commitment Letter)를 제출해야 한다. 이 단계를 완료하면 기업은 'Committed(참여)' 상태로 인정받게 되며, 이후 과학적 기준에 부합하는 구체적인 온실가스 감축 목표를 설정하고 SBTi에 제출해야 한다. SBTi는 제출된 목표의 과학적 타당성을 검토하고, 목표가 승인되면 해당 기업의 이름과 감축 목표가 SBTi 웹사이트에 공개되어 기업의 노력이 대외적으로 인정받게 된다. 이 과정에서 기업은 2030년까지 단기 목표와 2050년까지 장기 목표를 포함하여, 구체적인 감축 계획을 수립해야 하며 이를 통해 기업이 미래 지향적인 전략을 수립하고 지속 가능한 성장을 추구하는 데 도움을 받게 된다.

전 세계적으로 1,155개 이상의 기업이 SBTi의 프로세스에 참여하고 있으며, 한국에서도 DGB금융그룹, SKT, SK증권, 신한금융그룹 등이 이니셔티브에 'Committed' 단계로 되어 있으며, 이는 기업들이 지구 온도 상승을 억제하기 위한 글로벌 노력에 적극적으로 동참하고 있음을 보여주는 좋은 예시이다.

SBTi는 기업들이 기후 변화 대응에 있어 중요한 역할을 할 수 있도록 지원하며, 이는 단지 환경적인 측면뿐 아니라 사회적 책임을 다하는 방법이고, 장기적으로 기업 가치를 높이는 전략으로 인식되고 있다.

■ 기후 관련 재무정보공개 태스크포스(TCFD, Task Force on Climate-related Financial Disclosures)

기후변화는 오늘날 우리가 직면한 가장 큰 문제 중 하나로 기업들이 어떻게 이 문제에 대응하고 있는지, 그리고 기후변화가 기업에 어떤 영향을 미치는지 알아내는 일은 매우 중요하다. 그래서, 금융안정위원회(FSB)는 2015년에 기후변화 문제에 대응하기 위해 세계 각국의 정부와 중앙은행 총재들이 모여 TCFD(기후 관련 재무정보공개 태스크포스)를 만들었다.

TCFD의 주요 목표는 기업들이 기후변화로 인해 직면할 수 있는 리스크와 기회를 어떻게 파악하고 대응하고 있는지에 대한 정보를 공개하도록 하는 것으로 이를 통해 투자자, 대출자, 보험사 등 금융시장 참여자들이 더 명확한 결정을 내릴 수 있게 돕는 것이 목적이다.

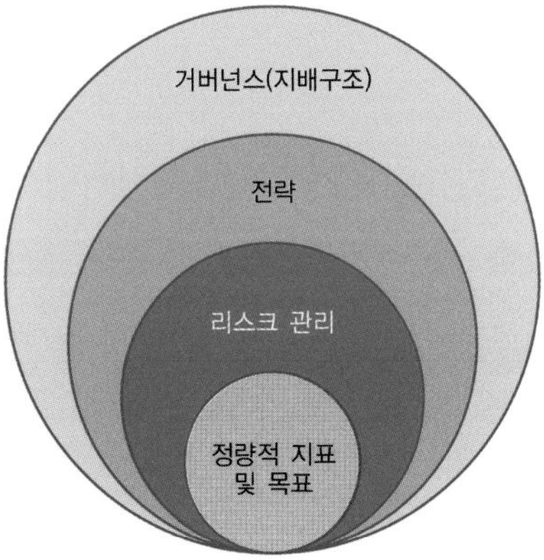

[그림 3-7] **TCFD의 네 가지 주요영역**

2017년에 TCFD는 모든 산업에 적용할 수 있는 권고안을 발표했다. 이 권고안은 크게 세 부분으로 구성되어 있으며 첫 번째는 기업이 직면할 수 있는 기후 관련 리스크와 기회를 어떻게 인식하고 있는지, 두 번째는 이러한 리스크와 기회를 관리하기 위해 기업이 취하고 있는 전략과 조치 마지막 세 번째 부분은 미래에 기후변화가 어떤 식으로 발전할지에 대해 다양한 시나리오를 분석하는 것이다.

이 권고안은 거버넌스(지배구조), 전략, 리스크 관리, 정량적 지표 및 목표 등 네 가지 주요 영역에 대해 구체적인 정보 공개를 권장하고 있으며, 기업들이 기후변화에 대응하는 방식을 더 명확하게 할 수 있도록 도와준다. 현재 전 세계 77개국에서 1,700개 이상의 기관들이 TCFD의 권고안을 지지하고 몇몇 국가들은 이 권고안을 법적으로 의무화하기까지 했다. 한국에서도 환경부, 한국거래소, 그리고 주요 민간 기업들이 이를 지지하고 있으며, 점점 더 많은 기업들이 자신들의 지속가능경영 보고서에 TCFD 권고안을 적용하고 있다.

TCFD는 특히 금융산업에서 시작됐지만, 최근에는 기후변화가 모든 산업과 관련이 있다는 인식이 확산되면서 비금융산업에서도 참여가 늘어나고 있다.

■ 유엔글로벌콤팩트(UNGC, United Nations Global Compact)

UNGC는 2000년에 유엔에서 시작되었다. 이 프로그램은 기업들에게 사회적 책임을 다하는 방법에 대한 10가지 기본 원칙의 지침을 제공하고 있다. 이 원칙들은 사람들을 존중하고, 공정한 노동 환경을 만들며, 지구를 보호하고, 부패를 방지하는 것을 목표로 한다.

10대 원칙은 세계적으로 인정받는 여러 중요한 문서들, 모든 사람들의 권리를 보호하기 위한 세계인권선언, 근로 조건과 권리에 관한 국제노동기구(ILO)의 기본 원칙, 환경을 보호하기 위한 리우선언, 그리고 부패를 막기 위한 유엔 반부패협약 등이 포함되어 있다. 이렇게 중요한 원칙들을 기업의 일상 업무에 적용하도록 유도하는 것 외에도, 최근에는 지속가능한 발전을 위한 목표인 SDGs 달성에 기여하는 것도 UNGC의 중요한 역할 중 하나가 되고 있다. 전 세계 157개국, 14,000개 이상의 회원사가 UNGC에 참여하고 있으며, 이 중 11,000개 이상이 기업으로 구성되어 있다. 한국에서도 많은 기업들이 유엔글로벌콤팩트 한국협회를 통해 이 중요한 움직임에 동참을 하고 있다.

기업이 UNGC의 회원사가 되면, 전 세계의 다른 회원사들과 지식과 경험을 공유할 수 있는 네트워크의 일원이 되는 것뿐만 아니라, 다양한 정보와 혜택을 받을 수 있다. 그리고 모든 회원사는 매년 자신들의 원칙 준수 상태를 보고하는 이행보고서(COP)나 참여보고서(COE)를 유엔에 제출해야 하며 기업은 자신들이 얼마나 책임감 있게 행동하고 있는지를 세계에 보여주는 중요한 방법이 된다.

3. ESG 실천 방안

전 세계는 지구의 온도 상승을 막기 위해 여러 계획을 세우고 있다. 2010년에는 지구의 평균 온도 상승을 2℃ 이하로 제한하자는 목표를 정했고, 2015년 파리협정에서는 이 목표를 더 강화해 1.5℃ 이하로 유지하려고 합의를 했다. 이를 위해 각 나라는 2050년까지 탄소 배출을 순제로(Net Zero, 배출한 만큼 흡수해서 실제 배출이 없는 상태)로 만들어야 한다.

한국도 탄소 배출을 줄이는 글로벌 노력에 동참하고 있지만, 경제 발전으로 인해 온실가스 배출이 계속 증가하고 있다. 1990년대에는 경제가 급성장하면서 온실가스 배출도 빠르게 증가했다. 2000년대와 2010년대에는 증가 속도가 조금 줄어들었지만, 여전히 계속 증가하고 있는 실정이다. 2018년 기준 한국은 세계에서 11번째로 많은 온실가스를 배출하는 나라가 되었고, OECD 국가 중에서는 5위를 기록했다.

한국의 온실가스 배출은 주로 에너지 사용에서 많이 발생하고 있다. 발전소와 공장에서 많은 에너지를 사용하기 때문에 이런 배출이 많이 일어나고 산업 공정, 농업, 폐기물 처리에서도 온실가스가 배출된다. 이 모든 활동은 우리의 일상과 관련이 깊다. 예를 들어, 건물에서 사용하는 에너지, 자동차 운행, 음식 소비 및 쓰레기 처리 등 우리의 일상 선택이 온실가스 배출에 큰 영향을 미치고, 이는 지구 온난화와 직접적으로 연결된다.

ESG 시대는 우리의 산업 방식뿐만 아니라 일상생활에서도 생각을 크게 바꿔야 한다. 모든 사람들, 가족, 학교, 직장, 지역사회 등에서 가장 먼저 탄소배출을 줄이는 생활 방식을 일상적인 문화로 만들어야 한다. 예를 들어, 우리가 편하게 사용하던 방식을 '탄소배출을 줄이는 생활'로 바꾸기 위해서는 한 사람의 노력만으로는 어려울 수 있다.

예를 들어, 직장에서 개인이 플라스틱이나 종이컵 대신 개인 컵을 사용하려고 해도, 주변에서 쉽게 일회용 컵을 사용하는 모습을 보면 혼자서 하는 노력이 큰 의미가 없다고 느낄 수 있다. 이런 식으로 혼자서 노력하는 것은 한계가 있기 때문에, 가정, 학교,

기업 같은 사회의 주요 부분들이 모두 탄소를 줄이는 방향으로 함께 변화해야 한다.

3.1. 생활 속의 ESG 실천

■ 난방온도 2℃ 낮추고 냉방온도 2℃ 높이기

냉난방기를 효율적으로 사용하면 전기 사용을 줄이고 집안의 온도도 쾌적하게 유지할 수 있다.

실천방법

- **적정 실내온도 유지하기**
  여름철에는 실내 온도를 25℃에서 28℃ 사이로, 겨울철에는 18℃에서 20℃ 사이로 설정하는 게 좋으며 에어컨을 켤 때는 온도를 평소보다 2℃ 높게 설정하고, 난방을 할 때는 보일러 온도를 2℃ 낮춰 전력 소모 줄이기
- **온도계 설치하기**
  집안에 잘 보이는 곳에 온도계를 설치해서, 항상 실내온도를 확인할 수 있도록 하면 불필요하게 난방이나 냉방을 과하게 사용하지 않음
- **계절에 맞는 옷 입기**
  여름에는 시원한 옷을, 겨울에는 따뜻한 옷을 입어서 체온을 조절하는 것으로 겨울에는 내복, 수면양말, 무릎담요 같은 보온용품을 사용하면 실내온도를 높이지 않고도 따뜻하게 지낼 수 있음
- **에어컨과 선풍기는 함께 사용하기**
  에어컨을 사용할 때 선풍기도 함께 켜서 에어컨의 차가운 바람이 방 안에 잘 퍼지도록 하며 이때 선풍기의 바람 방향을 에어컨 바람과 같게 맞추면 더 효과적임
- **커튼으로 햇빛 차단하기**
  집안으로 들어오는 햇빛을 막기 위해 창문에 커튼을 치면 여름에는 실내가 더워지는 것을 막고, 에어컨을 덜 사용할 수 있음

에어컨이나 난방기의 온도를 2℃만 조절해도 연간 전력 소비량이 줄어들어 이산화탄소 배출도 적어지게 되는데 예를 들어, 전국에는 대략 2천만 가구가 있는데, 이 중 10%인 약 200만 가구가 온도 조정을 실천한다고 하면 약 3,800만 그루의 나무를 심는 것과 같은 효과가 있다.

〈온실가스 감축〉

가구당	연간 이산화탄소 감축량	166.8kg
국내가구 10%	연간 이산화탄소 감축량	348,462t
	경제적 효과	85.8억 원
	나무 심는 효과	38,292,527그루

※ 산출정보

- 감축원단위: 냉·난방온도 조정에 따른 이산화탄소 감축량 합산
  - 연간 에어컨 전력소비량에 2℃ 조정에 따른 에너지절감률을 적용하여 산출
  - 연간 가구당 도시가스 사용량에 2℃ 조정에 따른 에너지절감률을 적용하여 산출
- 10% 기준: 국내 총가구(20,891,000가구)의 10% 적용(2019 인구주택총조사)

■ 창틀과 문틈 바람막이 설치하기

창문이나 문 사이에 틈이 있으면 집안의 따뜻한 공기가 바깥으로 빠져나가기 쉽고, 차가운 공기가 안으로 들어올 수 있어서 집안을 덥거나 춥게 유지하는 데 더 많은 에너지가 필요하게 된다. 이를 예방하기 위해 문풍지, 에어캡, 방풍비닐, 틈막이, 단열벽지 등 단열 제품을 사용하여 틈을 막는 것이 중요하다. 이러한 조치들을 취함으로써 집안의 열 손실을 줄이고, 연간 도시가스 사용량을 줄임으로써 가구당 이산화탄소 배출량을 크게 줄일 수 있다.

〈온실가스 감축〉

가구당	연간 이산화탄소 감축량	138.3㎏
국내가구 10%	연간 이산화탄소 감축량	288,923t
	경제적 효과	71.1억 원
	나무 심는 효과	31,749,780그루

※ 산출정보

- 감축원단위: 연간 가구당 도시가스 사용량(난방)에 단열재 사용에 따른 에너지 효율 개선효과를 적용하여 산출
- 10% 기준: 국내 총가구(20,891,000가구)의 10% 적용(2019 인구주택총조사)

■ 디지털 탄소발자국 줄이기

'디지털 탄소발자국'이란 우리가 디지털 기기를 사용할 때마다 발생하는 이산화탄소의 양이다. 예를 들어, 스마트폰이나 스마트 기기를 충전할 때, 인터넷을 사용할 때, 영상을 보거나 음악을 스트리밍할 때 데이터를 소비하는 모든 순간에 이산화탄소가 발생한다. 심지어 기기가 꺼져 있는 듯 보이는 대기 모드일 때도 약간의 전력을 소비하므로 탄소가 배출된다. 이렇게 일상생활 속에서 사용하는 다양한 디지털 기기들이 전력을 소비하면서 발생하는 이산화탄소가 모여 '디지털 탄소발자국'을 형성하고 있다.

실천방법

- 디지털 기기 사용 시간 줄이기
- 디지털 기기의 화면 설정을 '절전 모드'로 바꾸거나 밝기를 낮춰 전력 소비 줄이기
- 동영상은 스트리밍보다는 직접 다운로드 받아 시청하기
- 사용하지 않는 이메일은 삭제하고 광고나 스팸 메일을 차단하여 저장해야 할 데이터양 줄이기

우리가 디지털 기기를 통해 이용하는 데이터들은 데이터센터에 저장되며, 이러한 데이터센터는 서버와 네트워크 설비를 운영하여 방대한 양의 데이터를 보관하고 처리한다. 데이터센터는 데이터를 처리하고 저장하는 컴퓨터 시설로, 서버가 작동하고 열을 식히기 위한 냉방 설비가 가동되는 등 많은 전력을 소모한다. 따라서 불필요한 데이터를 줄이는 만큼 데이터센터의 전력 소모도 줄일 수 있다.

디지털 기기를 사용할 때마다 얼마나 많은 온실가스가 배출되는지 알아보면, 우리의 작은 행동 하나하나가 지구에 미치는 영향을 더 잘 이해할 수 있다. 환경교육포털 누리집[5] 자료에 따르면 유튜브를 10분 동안 보면 약 1그램의 온실가스가 배출되고 이메일 한 통을 보내거나 받을 때는 0.2그램, 인터넷 검색 한 번에는 4그램, 전화통화 1분에는 3.6그램의 온실가스가 배출된다. 우리가 스마트폰으로 데이터 1MB를 사용할 때마다 우리는 11그램의 온실가스를 배출하고 있는 것이다.

이 정보를 통해 볼 때, 매일 사용하는 디지털 기기로 인한 온실가스 배출량이 적지 않다는 것을 알 수 있다. 따라서 디지털 기기 사용을 줄이거나 더 효율적으로 사용하는 방법을 생각해보는 것이 중요하다.

〈디지털 기기 사용에 따른 온실가스 배출량 감소〉

온실가스 배출량	유튜브 10분 시청	1g
	인터넷 검색	0.2g
	이메일 한 통	4g
	전화통화 1분	3.6g
	데이터 1MB 사용	11g

■ 음식물 쓰레기 줄이기

우리나라에서는 매년 약 522만 톤의 음식물 쓰레기가 발생하고 있다. 이 중에서 가장 많은 부분을 차지하는 건 가정에서 나오는 음식물 쓰레기로, 전체의 76%에 해당한다. 이어서 음식점에서 나오는 음식물 쓰레기가 17%, 사업장에서 발생하는 양이 7%를 차지하고 있어 가정에서 나오는 음식물 쓰레기가 전체 발생량의 대부분을 차지한다는 것을 알 수 있다. 따라서 음식물 쓰레기를 줄이기 위한 노력이 가정에서부터 시작되어야 할 필요성이 크다.

대한민국 인구를 약 51,779,203명으로 가정하고 인구의 10%인 약 5,177,920명이 음식물 쓰레기를 30% 줄인다면 개인이 연간 4.3kg의 이산화탄소를 줄일 수 있다. 이들의 감축 효과를 나무 심는 것으로 비유하면 대략 2,446,703그루 나무를 심는 것과 같은 효과가 있다. 음식물 쓰레기는 버려지지 않고 여러 가지 유용한 방법으로 재활용될 수 있다. 우선, 음식물 쓰레기는 사료로 변환하여 농장에서 동물들이 먹는 사료를 만드는 과정에 사용되기도 하고 음식물 쓰레기를 퇴비화 공정을 통해 풍부한 영양을 가진 퇴비로 만들어 농작물이 자라는 데 도움을 줄 수 있다. 더 나아가, 음식물 쓰레기는 바이오 가스화 과정을 통해 에너지로도 변환될 수 있다. 이 과정에서 생성된 가스는 자동차 연료로 사용되거나 발전소에서 전기를 만드는 데 활용될 수 있다.

음식물 쓰레기를 줄이는 행동 하나하나가 큰 환경적 이익으로 이어지며, 우리 모두의 작은 노력이 지구 환경을 보호하는 데 큰 도움이 된다.

실천방법

- **식단 계획하기**
  한 주 동안 무엇을 먹을지 미리 계획해서 필요한 식재료만 구매해서 불필요하게 많은 식재료를 사서 낭비하는 일 줄이기
- **식재료 나누어 보관하기**
  구입한 식재료는 한 끼에 필요한 양만큼 나누어서 투명 용기에 담아 냉장고에 보관하여 필요한 양만큼 요리해 음식 낭비 예방하기
- **인원에 맞춰 주문하고 반납하기**
  음식점에서 음식을 주문할 때 먹을 수 있는 만큼만 주문하고, 먹지 않을 반찬은 미리 반납
- **음식 남기지 않기**
  음식은 가능한 다 먹으려고 노력하고, 남은 음식은 다회용 용기에 담아오기
- **채소 부피 줄이기**
  길이가 긴 채소나 큰 수박껍질 같은 것은 잘게 썰어서 부피를 줄여 배출하여 쓰레기통 배출 공간 확보
- **찌개류 쓰레기 국물 제거하고 처리**
  찌개류를 먹고 남은 국물은 따로 버리고, 고체물은 물기를 꼭 짜낸 후 배출

〈온실가스 감축〉

가구당	연간 이산화탄소 감축량	4.3㎏
국내가구 10%	연간 이산화탄소 감축량	22,265t
	경제적 효과	5.5억 원
	나무 심는 효과	2,446,703그루

※ 산출정보
- 감축원단위: 1인당 연간 음식물 쓰레기 온실가스 배출량에 음식물 쓰레기 감축률을 적용하여 산출
  - 음식물 쓰레기를 30% 줄이는 것으로 가정하여 산출
- 10% 기준: 국내 총인구(51,779,203명)의 10% 적용(2019 인구주택총조사)

■ **우리 지역 식재료 이용하기**

음식을 만드는 데 사용하는 재료들은 생산부터 우리 집까지 오는 과정에서 많은 온실가스를 배출한다. 외국에서 수입된 식재료는 비행기나 배를 타고 오기 때문에 많은 에너지를 사용하고 그만큼 많은 온실가스를 배출하게 되지만 우리나라에서 자라난 식재료는 국내에서 짧은 거리를 이동하기 때문에 온실가스 배출량이 훨씬 적으며 가까운 지역에서 생산된 농산물을 구매하는 것도 에너지 사용과 온실가스 배출을 줄일 수 있는 좋은 방법이다.

실천방법

- **국내산 농·축·수산물 구입하기**
  슈퍼마켓이나 마트에서 쇼핑할 때, 외국에서 수입된 농산물 대신에 우리나라에서 생산된 농축수산물을 구매하면 먼 거리를 이동하지 않아서 환경에 덜 해롭고, 우리 농어민을 도울 수 있음
- **지역 농산물 매장 이용하기**
  로컬푸드 매장이나 직거래 장터를 이용해 지역에서 직접 재배한 신선한 농산물을 구입할 수 있고 지역 농민들이 직접 재배한 제품을 판매하기 때문에, 농산물이 신선하고 운송 과정에서 발생하는 탄소 배출도 줄일 수 있음
- **집에서 채소 직접 키우기**
  집에서 작은 텃밭이나 화분을 이용해 채소를 직접 키우면 식재료를 사러 가는 길에 발생하는 온실가스를 줄일 수 있고, 직접 키운 건강한 채소를 먹게 됨

이렇게 지역에서 생산된 식재료를 사용하는 것은 우리 환경을 보호하는 데 도움이 되고, 운송 과정에서 발생하는 온실가스 양을

줄이는 데 효과적이다. 그래서 우리가 식재료를 선택할 때는 수입산보다는 국내산을, 먼 거리보다는 가까운 곳에서 생산된 것을 구매하는 습관을 가져야 한다.

우리나라에서 소비되는 전체 소고기 중에서 37%는 국내산이고, 63%는 수입산인데 만약 수입산 소고기를 먹는 양 중 20%만 국내산으로 바꾼다면, 우리나라 전체 인구 중 10%가 이렇게 바꾸는 것을 가정하면 각 사람이 일 년 동안 약 130.8kg의 이산화탄소를 줄일 수 있다. 이것을 우리나라 전체 인구의 10%에 적용하면, 일 년 동안 총 677,272ton의 이산화탄소를 줄일 수 있게 되어 74,425,495그루 나무를 심는 효과와 같다.

〈온실가스 감축〉

가구당	연간 이산화탄소 감축량	130.8kg
국내가구 10%	연간 이산화탄소 감축량	677,272t
	경제적 효과	166.7억 원
	나무 심는 효과	74,425,495그루

※ 산출정보
- 감축원단위: 국내산 소고기와 수입산 소고기의 온실가스 배출량 차이를 바탕으로 도출
  - 국내 전체 소고기 소비 비중(국내산 소고기 37%, 수입산 소고기 63%)에서 수입산 소고기 소비량 중 20%를 국내산 소고기로 소비한다고 가정
- 10% 기준: 국내 총인구(51,779,203명)의 10% 적용(2019 인구주택총조사)

■ 중고제품 이용하고, 안 쓰는 제품 나눔하기

중고 제품을 사용하는 것이 환경에 좋은 이유는 우리가 더 이상 필요로 하지 않는 물건들이 다른 사람에게는 여전히 유용할 수 있다. 책상을 새로 사지 않고 누군가가 쓰던 책상을 다시 사용한다면, 새 책상을 만드는 데 필요한 목재를 베지 않아도 되고, 제작

과정에서 발생하는 온실가스도 줄일 수 있다.

새 제품을 생산할 때는 원료 채취, 제품 제조, 운송 과정에서 많은 에너지가 사용되고, 그 과정에서 이산화탄소와 같은 온실가스가 대량으로 배출되지만, 중고 제품을 재사용하면 이러한 제조 과정을 거치지 않아 자연스럽게 온실가스 배출을 감소시킬 수 있다.

실천방법

- **필요성이 다한 물건을 버리기 전에 중고거래나 나눔장터에서 쓰임새 찾기**
  물건을 쓰다 보면 언젠가 필요 없어질 때가 있는데 이때 바로 버리기 전에, 다른 사람이 필요로 할 수도 있으니 중고거래 사이트나 지역의 나눔장터를 이용해 누군가에게 새로운 가치를 제공
- **물건 구매 전에 꼭 필요한지, 중고물품으로 구매할 수 있는지 확인**
  물건을 사야 할 때, 정말 필요한지 한 번 더 생각해보고 필요하다면 중고품 구매를 통해 새 제품을 만드는 과정에서 발생하는 환경오염을 줄임

따라서 중고 제품을 재사용함으로써 우리는 새 제품을 생산하는 데 필요한 자원과 에너지를 절약하고, 환경을 보호하는 데 기여할 수 있다.

〈온실가스 감축 중고제품 사용에 따른 온실가스 배출량 감소〉

참고: 중고 거래, 기부 사례	

동묘 구제시장	아름다운가게

출처: 서울정보소통광장(2020), 도심 속 보물상자 '동묘 구제 시장' 레트로 감성 물씬(좌); 서울시 공식 관광정보 누리집, 아름다운가게(우)

■ 자가용 대신 대중교통 이용하기

우리나라에 등록된 모든 자동차 중에서 개인이 사용하는 자가용이 전체의 약 92.4%를 차지하고 있다. 따라서 자가용 대신 버스나 지하철과 같은 대중교통을 이용하면 온실가스 배출을 줄일 수 있다.

실천방법

- 버스(시내·마을버스, 시외·고속버스 등), 지하철, 기차 등 대중교통 적극 이용하기

하루에 30Km를 주행하는 자가용이 있다고 가정할 때, 한 주에 한 번만 대중교통을 이용하면 1대당 연간 285.4kg의 이산화탄소 배출을 줄일 수 있다. 우리나라에 등록된 자가용은 약 1,800만 대인데, 이 중 10%인 약 180만 대가 이렇게 대중교통을 이용하면 연간 약 51만 5천ton의 이산화탄소를 줄일 수 있다. 이는 마치 5,677만 그루의 나무를 심은 효과와 비슷하다. 대중교통을 이용하면 환경 보호에도 도움이 되고, 자동차로 인한 교통체증도 줄일 수 있다.

〈온실가스 감축〉

승용차 1대당	연간 이산화탄소 감축량	285.4kg
국내 등록된 자가용 승용차 10%	연간 이산화탄소 감축량	515,767t
	경제적 효과	127억 원
	나무 심는 효과	56,677,692그루

※ 산출정보
- 감축원단위: 주 1회 휘발유 사용 자동차 대신 대중교통을 이용하는 효과 산출
  - 1일 평균 주행거리를 30km로 가정
- 10% 기준: 2019년 기준 자가용 승용차 등록대수 18,071,723대의 10% 적용

■ **청구서, 영수증 등 전자 제공 서비스 이용하기**

종이 영수증을 사용하는 것은 여러 가지 문제를 일으킬 수 있다. 많은 양의 종이를 사용하기 때문에 나무를 많이 베어야 하고, 이는 자원 낭비와 환경오염을 초래한다. 또한 종이 영수증은 개인정보가 적혀 있어 버려지면 누군가가 이를 이용해 개인정보를 빼낼 수 있다. 이런 문제들을 해결하기 위해 모바일 앱을 통해 전자영수증을 받는 방법을 사용하면 종이를 사용하지 않아 자원을 절약하고 환경오염을 줄이며, 보안이 강화되어 개인 정보 유출의 위험도 낮출 수 있다.

실천방법

- **대형마트, 백화점에서 물품 구매 시 전용 앱으로 전자영수증 받기**
  대형 매장들은 전용 애플리케이션(앱)을 통해 전자영수증을 제공하고 있어 이 앱을 통해 전자영수증 받기
- **전자영수증 서비스를 제공하지 않으면 불필요한 종이영수증 받지 않기**
  가게에서 전자 영수증 서비스를 제공하지 않을 경우, 굳이 필요하지 않은 종이 영수증 받지 않기
- **은행거래 시 종이통장 발급받지 않기**
  은행들은 종이통장 대신에 전자 거래 내역을 제공하고 있으며 금융감독원도 종이통장 사용을 점차 줄이기 위해 노력하고 있어, 가능하다면 종이통장 발급 대신 온라인이나 모바일로 거래 내역을 확인하는 방법 선택

한 사람이 한 해 동안 종이 청구서 3장을 전자 청구서로 바꾸면, 연간 36장의 종이를 절약할 수 있고, 종이로 된 영수증을 모두 전자영수증으로 받는다면, 연간 249장의 종이를 더 절약할 수

있다. 우리나라 인구의 10%가 전자 제공 서비스를 이용하여 종이 사용을 줄인다면, 연간 약 3,314ton의 이산화탄소 배출을 줄일 수 있고, 이는 나무를 약 364,176그루 심는 것과 같은 효과가 있다. 따라서 종이를 적게 쓰는 것은 환경을 보호하고 경제적으로도 도움이 되는 행동이다.

〈온실가스 감축〉

1인당	연간 이산화탄소 감축량	0.64kg
국내 인구 10%	연간 이산화탄소 감축량	3.314t
	경제적 효과	8천만 원
	나무 심는 효과	364,176그루

※ 산출정보

- 감축원단위: 1인당 종이청구서를 월 3건, 12개월간 줄이고 종이청구서 1건에 사용되는 종이를 A4용지 1장으로 가정하였으며, 연간 1인당 발행되는 종이영수증을 전자영수증으로 전환한다고 가정
- 10% 기준: 국내 총인구(51,779,203명)의 10% 적용(2019 인구주택총조사)

3.2. 기업의 ESG 실천

■ 전자기기 대기전력 차단하기

대기전력은 우리가 전자기기를 사용하지 않고 전원을 껐다고 해도, 그 기기가 전기를 조금씩 소비하는 현상이다. 예를 들어 TV, 컴퓨터, 전자레인지 같은 기기들이 완전히 꺼진 상태에서도 전기를 쓰고 있는데 이렇게 불필요하게 쓰이는 전력을 '대기전력'이라고 한다. 이는 에너지 낭비로 이어질 수 있다.

실천방법

- **사무실 전자기기 대기전력 확인해 보기**
  사무실에서 사용하는 전자기기들이 실제로 꺼져 있어도 전기를 사용하는지 확인해 서 자주 사용하지 않거나, 하루 중 잠깐만 사용하는 기기들이 대기전력을 많이 소비할 수 있어 확인 필요
- **사무기기 특성 등을 고려해 알맞은 대기전력 차단장치를 설치하여 관리**
  컴퓨터, 모니터, 프린터, 스피커, 인터넷 수신기 등은 하나의 멀티탭에 연결하고, 이 멀티탭을 사용하기 쉬운 곳에 두면 대기전력을 관리할 수 있음
- **공용 전자기기 리스트를 사무실 입구에 부착하고, 차단 여부 점검**
  사무실의 모든 공용 전자기기 목록을 만들어 사무실 입구에 붙여두고, 모든 직원이 점심시간이나 출퇴근 때 전자기기들이 제대로 꺼져 있는지 점검하여 직원들이 대기전력을 차단하는 문화를 만들 수 있음

사무실에서 26명이 사용하는 모든 전자기기의 대기전력을 차단한다면, 연간 이산화탄소를 0.3ton 줄일 수 있다. 절전 조치를 우리나라 모든 기업의 10%가 실행한다고 가정하면 전체로는 매년 이산화탄소 14,407ton을 감축할 수 있고, 이는 경제적으로 약 3억 5천만 원을 절약하는 효과가 있다. 또, 탄소 절감 효과는 약 1,583,187그루의 나무를 심는 것과 같은 효과를 가진다. 사무실에서 실천하는 작은 전력 절약은 큰 환경적 이득을 가져올 수 있다.

〈온실가스 감축〉

우리 기업	연간 이산화탄소 감축량	0.3㎏
전체 기업 10%	연간 이산화탄소 감축량	14,407t
	경제적 효과	3.5억 원
	나무 심는 효과	1,583,187그루

※ 산출정보

- 감축원단위: 26명 규모 사무실에서 전자기기 대기전력 차단 시 감축량(322㎏/제품군)

■ 컴퓨터 절전 기능 사용하기

컴퓨터 절전 기능을 켜면 전기를 거의 쓰지 않으면서도 컴퓨터를 빠르게 다시 시작할 수 있다. 절전기능은 작업을 끝마친 부분에서 바로 다시 시작할 수 있기 때문에 시간도 절약되고 전기도 아낄 수 있다. 그래서 잠깐 자리를 비울 때마다 컴퓨터 절전모드를 사용하는 습관을 갖는 것이 좋다.

〈온실가스 감축〉

우리 기업	연간 이산화탄소 감축량	0.5㎏
전체 기업 10%	연간 이산화탄소 감축량	21,734t
	경제적 효과	5.3억 원
	나무 심는 효과	2,388,352그루

※ 산출정보

- 감축원단위: 컴퓨터 1대당 점심시간 절전기능 사용시 감축량(18.7kg/대)
  - 컴퓨터 소비전력(kW/대), 일 평균 점심시간(hr/day), 근무일수, 전력배출계수 적용
- 우리 기업, 전체 기업: 1인 1대의 컴퓨터가 있다고 가정하여 직원수 적용

■ 승강기 격층 운행하고 계단 이용하기

사무실 건물에서는 많은 사람들이 승강기를 자주 사용한다. 하루에 승강기 한 대가 평균 1,200번 움직이며, 이로 인해 한 해 동안 약 41ton의 이산화탄소가 배출된다. 이산화탄소는 지구 온난화를 일으키는 주요한 온실가스 중 하나로 승강기를 효율적으로 사용하면 온실가스 배출을 줄일 수 있다. 승강기를 격층 운행하면 에너지 사용을 줄일 수 있다. 격층 운행이란 승강기가 모든 층에서 멈추는 대신 일부 층에서만 멈추어 에너지 소비를 줄이는 방식으로 이 방법을 통해 한 달에 최대 23.6%의 에너지를 절약할 수 있다.

또 다른 방법은 승강기 대신 계단을 이용하는 것이다. 계단 사용은 에너지 소비를 전혀 하지 않기 때문에 승강기를 사용할 때 발생하는 이산화탄소를 전혀 배출하지 않는다. 게다가 계단을 이용하면 운동 효과도 있어 건강에도 좋다.

이러한 실천을 통해 기업이나 개인은 이산화탄소 배출을 줄일 수 있고 만약 사무실 빌딩 전체에서 이와 같은 실천을 한다면, 전체적으로도 온실가스 감축 효과를 볼 수 있다.

〈온실가스 감축〉

우리 기업	연간 이산화탄소 감축량	0.96kg
전체 기업 10%	연간 이산화탄소 감축량	42,944t
	경제적 효과	10.6억 원
	나무 심는 효과	4,724,615그루

※ 산출정보

- 감축원단위: 승강기 1대당 연간 감축량(9,757.9kg)
  - 승강기 1대당 이산화탄소 배출량(약 41t)에 격층운영에 따른 절감 효과(23.6%) 적용
- 우리 기업: 승강기수 0.0986대 적용(업무시설 승강기 44,061대에 전체 기업종사자수 비율 적용하여 산출)

■ 절수 설비 또는 기기 설치하기

물을 절약하는 것은 환경 보호뿐만 아니라 에너지 절약에도 도움이 된다. 절수 설비와 절수 기기를 설치하는 것은 환경 보호와 에너지 절약 모두를 달성하는 좋은 방법이다.

절수 설비는 물 사용을 줄이도록 만들어진 완제품으로 물을 덜 사용하는 세면대나 변기 같은 것이 있으며 절수 기기는 기존의 설비에 추가로 장착하여 물 사용을 줄일 수 있게 만드는 부속품이다. 기존의 샤워 헤드를 절수형 샤워 헤드로 교체하면 물 사용을

27~37%까지 줄일 수 있다.

실천방법

- 싱크대나 화장실의 수전을 절수형 설비로 교체
- 설치가 쉬운 세면대나 변기에 절수 기기 장착

〈온실가스 감축〉

우리 기업	연간 이산화탄소 감축량	0.3kg
전체 기업 10%	연간 이산화탄소 감축량	12,436t
	경제적 효과	3억 원
	나무 심는 효과	1,366,593그루

※ 산출정보
- 감축원단위: 절수 기기 사용 시 1인당 감축량(10.7kg/인)
  - 절수 기기 사용 시 절약할 수 있는 연간 생활용수량을 적용해 산출

■ 탄소발자국을 고려한 소비 촉진하기

탄소발자국이란 제품이나 서비스가 생산될 때부터 사용되고 폐기될 때까지 발생하는 모든 온실가스의 양을 이산화탄소의 양으로 환산해 나타낸 것으로 탄소를 줄이기 위해 우리는 다양한 방법을 사용할 수 있다.

하나의 방법은 새활용과 재활용 제품을 사용하는 것이다. 새활용이란 사용하지 않는 물건을 새롭게 변형하여 다시 사용하는 것이고, 재활용은 버려진 자원을 다시 원료로 활용하는 것을 의미한다. 예를 들어, 1회용품이나 플라스틱을 분해하여 만든 새로운 제품을 사용하거나, 이미 만들어진 제품을 수정하여 다시 쓰는 것이 여기에 해당한다.

탄소발자국을 줄이기 위해 제품을 구매할 때 고려해야 할 방법을 고객과 직원들에게 홍보하는 것이 중요하다.

탄소발자국 고려 제품 구매 방법

- **환경인증 확인하기**
  구매하려는 제품이 환경성적표지나 저탄소 제품 인증을 받았는지 확인
- 새활용 및 재활용 제품 구매
- 과대포장 피하기 및 중고제품 이용하기
- 품질 좋고 내구성 있는 제품 선택
- 에너지 효율 높은 전자제품 선택하기

이와 같이 탄소발자국을 줄이기 위한 활동은 환경을 보호하고 지속 가능한 소비를 촉진하는 좋은 방법이다.

새활용 제품 사례			
가방	신발	의류	
폐나일론→가방	해양플라스틱→신발	폐폴리에스터→옷	폐폴리에스터→옷
	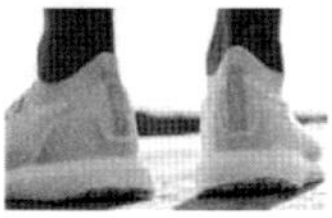		

■ **기업 내 녹색제품 구매제도 운영**

녹색제품은 환경에 미치는 영향을 최소화하고, 재활용이 용이하며, 전체적으로 사회적 비용을 줄일 수 있는 제품이다. 우리나라의 '저탄소 녹색성장 기본법'에 따르면, 녹색제품을 환경표지제품, 저탄소 제품, 우수재활용 제품 3종류로 구분할 수 있다.

환경표지제품은 환경에 덜 해로운 재료를 사용하거나, 제조 과정에서 환경오염을 최소화하는 방식으로 만들어진 제품이고 저탄소 제품은 탄소 배출량이 적은 방식으로 생산되어 탄소 발자국을 줄이는 데 도움을 주는 제품이며 우수 재활용 제품은 재활용할 수 있는 재료로 만들어져 환경 보호에 기여하면서 자원의 효율적인 사용을 가능하게 해준다.

실천방법

- **녹색제품 우선 구매하기**
  기업에서 필요한 제품을 구매할 때는 환경에 덜 해로운 제품, 즉 녹색제품을 우선적으로 고려하도록 하는 것이 좋으며 이를 위해 구매부서는 녹색제품을 구매하고, 그 성과를 어떻게 기록하고 보고할지에 대한 절차를 마련하고 실행하기
- **녹색제품 판매처 이용하기**
  녹색제품을 구매할 수 있는 곳으로는 조달청 나라장터 종합쇼핑몰, 녹색장터, 녹색제품정보시스템 등이 있고 이러한 플랫폼들은 환경친화적인 제품들을 쉽게 찾고 구매할 수 있게 도와줌
- **용역계약 시 녹색제품 사용 권장하기**
  기업이 외부 업체에 일을 맡길 때, 그 업체가 사용하는 물품 중 녹색제품이 있을 경우 이를 사용하도록 권장하며 이런 행동은 기업의 환경친화적인 가치를 외부에도 전파
- **구매 담당자 및 직원 교육 실시**
  기업 내에서 물품을 구매하는 직원들이나 녹색제품과 관련된 업무를 맡은 직원들을 대상으로 녹색제품에 대한 교육을 정기적으로 실시해, 올바른 구매 결정을 내릴 수 있도록 지원

〈녹색제품〉

환경표지 제품	「환경기술 및 환경산업 지원법」 제17조 제1항에 따라 같은 용도의 다른 제품에 비하여 제품의 환경성을 개선하여 환경표지 인증을 받은 제품 및 동 기준에 적합한 제품
저탄소 제품	「환경기술 및 환경산업 지원법」 제18조 제1항에 따른 환경성적표지의 인증을 받은 제품 중 환경부장관이 정하여 고시하는 기준에 따라 「저탄소 녹색성장 기본법」 제2조 제9호에 따른 온실가스의 배출량을 줄인 제품
우수 재활용 제품	「자원의 절약과 재활용촉진에 관한 법률」 제33조 및 「산업기술혁신 촉진법」 제15조에 따라 산업통상자원부장관이 정하여 고시하는 재활용제품 및 동 인증 기준에 적합한 제품
기타	환경부장관이 관계 부처 장관과 협의하여 고시하는 대상품목별 판단기준에 적합한 상품

녹색제품 1개당 구매에 따른 환경·경제적 편익의 사례는 다음과 같다.[6)]

품목군	제품군	무게(kg/개)	편익금액(원/1개)	편익내
전자기기	토너 카트리지	1.021	95,167.9	유해물질 감소
	프린터	7.2	1,786,640.5	에너지 절약
	개인용 컴퓨터	8.82	137,449.3	에너지 절약
	컴퓨터용 모니터	3.7	45,528.8	에너지 절약
가구	가구	25.65	165,878.2	유해물질 감소
	의자	17	2,740,556.6	유해물질 감소
	침대	25.56	2,610,128.1	유해물질 감소
건설용 자재	페인트	–	13,362.2	유해물질 감소
	LED 등기구	5.0	24,164.5	에너지 절약
	벽지	–	4,269.0	유해물질 감소

이와 같은 녹색제품을 사용하면 제품의 생산, 사용 및 폐기 단계에서 발생할 수 있는 환경적인 영향을 줄일 수 있다. 이는 환경

복원에 드는 비용을 절감함으로써 사회적 비용을 최소화하는 효과를 가져오기 때문에 녹색제품을 적극적으로 선택하고 사용하는 것은 환경을 보호하고 지속 가능한 생활을 하는 데 큰 도움이 된다.

■ 자원 순환성을 고려한 제품 전략 수립

제품의 생애주기 동안 환경에 미치는 영향을 최소화하려면, 제품 설계부터 폐기까지 모든 단계에서 환경을 고려해야 하며 이런 접근 방식을 친환경 제품 설계라고 한다. 기업은 제품을 만들기 시작할 때부터 환경친화적인 방법을 고려해서 재활용이 쉬운 재료를 사용하거나, 제품의 부품을 쉽게 분해할 수 있게 만들어 재사용 및 재활용이 가능하도록 해야 한다. 제품을 팔 때도 환경에 미치는 영향을 줄일 수 있는 방법을 사용해서 불필요한 포장을 줄이거나, 환경에 덜 해로운 포장재를 선택하는 것이다. 제품이 사용된 후에도 환경을 보호할 수 있도록 노력해야 한다. 제품을 수리하기 쉽게 설계하거나, 사용 후에 제품을 적절히 재활용할 수 있는 방법을 제공하는 것이 중요하다.

제품의 전체 생애주기를 고려하여 환경친화적인 접근을 취해야 한다. 자원을 보다 효율적으로 사용하면 환경오염을 줄일 수 있다.

실천방법

- **환경 인증 받기**[7]

  자사의 제품이 환경에 미치는 영향을 측정하고, 이를 공식적으로 인증받기. '탄소발자국'이라고 불리는 인증을 받아 제품이 환경에 미치는 영향을 표시하거나, '저탄소 제품' 인증을 통해 제품이 환경에 덜 해로운 것을 증명하기

- **과대 포장 줄이기**

  제품을 만들고 배달할 때 불필요하게 많은 포장을 사용하지 않아 자원 낭비를 줄이고 환경오염을 예방

- **포장 선택권 제공**

  소비자가 필요에 따라 포장의 유무와 포장의 정도를 선택할 수 있게 하여 불필요한 포장을 줄이도록 하는 시스템을 만들어 포장 쓰레기를 줄일 수 있도록 간소화된 포장을 선택하도록 함

- **재활용 용이한 제품 설계**

  소비자가 제품을 사용한 후 쉽게 재활용할 수 있도록 제품을 설계하여 분리하기 쉬운 라벨을 사용하거나 단일 재질과 단일 색상의 용기를 사용하여 재활용 과정에서 처리하기 쉽게 함

- **리퍼브 제품 판매 증진**

  이미 사용되었던 제품을 수리하여 다시 판매하는 리퍼브 제품을 적극적으로 판매하여 자원을 효율적으로 사용하고 환경을 보호

■ 종이 없는 회의 활성화

회의에서 종이 대신 전자문서를 사용하면 많은 이점이 있다. 우선, 종이 사용을 줄여 자원을 절약할 수 있으며, 문서를 출력하는 데 드는 시간도 줄일 수 있다. 또한, 전자문서는 관리가 편리하고 보안 유지에도 유리해 사무 업무의 효율성을 증가시킨다.

회의 참석자들이 전자기기를 사용하거나, 회의실에 전자기기를

공용으로 비치함으로써, 모두가 전자문서를 활용하여 종이 사용을 줄이고, 온실가스 배출량도 감소시키는 방법이다.

기업이 종이 1,000장을 사용하는 대신 전자문서를 활용하면 약 4.6kg의 이산화탄소 배출을 줄일 수 있고 전자기기 사용으로 발생하는 소량의 온실가스 배출을 감안해도 매우 효과적인 방법이다. 전자문서 사용을 통해 한 회사가 연간 약 20회의 회의를 전자화한다고 가정했을 때, 약 0.09톤의 이산화탄소 감축이 가능하다. 만약 이와 같은 방식이 전체 기업에 적용된다면, 매년 약 4,113톤의 이산화탄소 감축이 가능하며, 451,978그루의 나무를 심는 것과 같은 환경적 이점을 가져올 수 있다.

회의에서 전자문서를 활용하는 것은 환경을 보호하고 회사 운영의 효율성을 높이는 중요한 방법이다.

〈온실가스 감축〉

우리 기업	연간 이산화탄소 감축량	0.09kg
전체 기업 10%	연간 이산화탄소 감축량	4,113t
	경제적 효과	1억 원
	나무 심는 효과	451,978그루

※ 산출정보

- 감축원단위: 제안서 평가와 같이 다량의 종이를 사용하는 회의의 회의자료를 전자화 했을 때의 감축량(4.6kgCO2/회의 1회)
  - 제안서 발표 시 종이 1,000매 사용으로 가정하여 종이 절감에 따른 온실가스 감축량에서 전자기기 사용에 따른 온실가스 배출량을 제함
  - 0.005264kg/장(A4용지 1장당 이산화탄소 배출량, 한국환경산업기술원)
- 우리 기업: 제안서 발표를 연간 20회로 가정
- 전체 기업: 제안서 발표를 연간 8,940,269회로 가정

■ 일회용품 줄이기 지침 마련 및 운영

배달 서비스와 테이크아웃이 인기를 끌면서, 플라스틱 용기나 일회용품 같은 포장재 사용이 많아졌다. 우리가 사용하는 포장재들은 환경에 해롭기 때문에 사용을 줄여야 한다.

기업들이 자신들의 매점, 식당, 커피전문점과 계약을 맺을 때, 일회용품이나 플라스틱 포장재의 사용을 줄이도록 권장할 수 있고, 일회용 컵이나 플라스틱 접시 대신에 다시 쓸 수 있는 그릇이나 컵을 사용하도록 요청해 불필요한 쓰레기를 줄이고 환경을 보호할 수 있다.

실천방법

- **일회용품 사용 줄이기 지침 마련**
  직장에서 '공공기관 일회용품 사용 줄이기 실천 지침' 같은 규칙을 만들어 일회용품 사용을 제한하고 구성원들이 실천하도록 교육
- **회의나 행사에서 일회용품 사용 자제하기**
  사내 회의나 행사에서는 일회용품 대신 다회용 컵이나 접시를 사용하여 쓰레기양을 줄임
- **다회용 제품 사용하기**
  일회용품을 줄이기 위해 다회용 컵, 음수대, 우산 빗물 제거기 같은 제품들을 활용하는 것으로 비 오는 날 우산을 털어서 건물 안에 들어가기 전에 물기를 제거할 수 있는 기기를 사용하거나, 플라스틱 물병 대신 리필이 가능한 음수대를 활용

〈온실가스 감축(종이컵 사용을 줄였을 때 감축량)〉

우리 기업	연간 이산화탄소 감축량	0.09kg
전체 기업 10%	연간 이산화탄소 감축량	4,068t
	경제적 효과	1억 원
	나무 심는 효과	447,033그루

※ 산출정보
- 감축원단위: 1인당 종이컵 사용량을 1일 2개, 250일간 줄였을 때 감축량(3.5kg/인)

■ 산불 예방 교육

산불은 산림 파괴뿐만 아니라, 여러 방면에서 우리의 환경과 생활에 심각한 영향을 미친다. 산불이 발생하면 많은 나무와 식물이 불에 타고 이로 인해 생물의 다양성 감소와 야생동물의 서식지 파괴가 발생한다. 또한, 불에 탄 나무들이 제공했던 산소가 줄어들고, 대신 많은 양의 이산화탄소가 대기 중으로 방출되어 지구 온난화에 기여하게 된다.

경제적 측면에서는 산불로 인해 나무, 임산물 등의 자원이 소실되어 목재 산업은 물론 식품 생산과 물 공급에도 영향을 미친다. 산불로 인해 발생하는 연기는 국립공원과 같은 관광지의 파괴로 이어지며, 관광객 감소로 인한 경제적 손실도 발생한다.

사회적 측면에서는 대기 중 연무 농도가 높아져 사람들의 피부나 호흡기 건강에 악영향을 미치고, 만성질환의 발병률이 증가할 수 있다. 따라서 산불 예방에 대한 교육과 인식 제고가 매우 중요하다.

■ **사무실 내외 식물 가꾸기**

도시의 차량과 공장으로부터 나오는 오염 물질들이 실내 공기를 오염시키고 온실가스를 배출하는 주요 원인이 된다. 이 문제를 해결하기 위해 우리는 사무실이나 건물 옥상에서 식물을 가꾸는 활동을 할 수 있다. 식물은 실내 공기를 정화하고, 도심의 열섬 현상을 줄이며, 냉난방비를 절감하는 효과가 있고 식물은 건물의 내구성을 강화하고, 도시의 생물 다양성을 지원하며, 도시 경관을 아름답게 만드는 역할을 한다. 이러한 식물 가꾸기 캠페인을 통해 도심에서 발생하는 다양한 환경 문제들을 효과적으로 해결할 수 있다.

출제 예상문제

01. 다음에서 ESG와 관련한 법 중 관련이 있는 것은?

제품을 살 때 그 제품이 환경에 얼마나 좋은지, 안전한지 등에 대한 정보를 구매하는 사람에게 알려주는 것으로 우리가 간식을 먹을 때 간식의 성분이 건강에 얼마나 좋은지 알고 싶은 것과 같은 의미이다

① 무역과 연계한 법률 ② 공급망 실사 의무
③ 기업정보 공개 의무 ④ 제품정보 공개 의무

02. 다음의 EU 지속가능한 기업실사 법률의 요구사항이 설명하는 것은?

인권, 환경, 거버넌스(기업 운영방식)와 관련해 자사의 활동이나 공급망에서 나타날 수 있는 실제적 또는 잠재적인 부정적 영향을 찾아내고 평가

① 내재화 ② 식별 및 평가
③ 예방, 완화, 시정 ④ 고충처리시스템 구축

03. 다음 내용 중 EU의 기업 지속가능성 보고지침 요구사항은?

기업이 직면할 수 있는 주요 지속가능성 위험과 그 위험을 관리하기 위한 방안 보고

① 지속가능성 목표 ② 역할과 정책
③ 실사 과정 ④ 위험 관리

04. 다음 중 ISO 26000에서 다루는 주제가 아닌 것은?

> 기업이나 정부 같은 기관들이 얼마나 많은 온실가스를 배출하는지 계산하고 그 정보를 알려주는 국제적인 규칙으로 1997년에 세계자원연구소(WRI)와 세계지속가능발전기업협의회(WBCSD)에 의해 만들어졌다.

① 지배구조 ② 인권
③ 소비자 이슈 ④ 정부규제

05. 네덜란드 아동노동 실사의무법은 기업들이 자신들이 판매하거나 제공하는 상품이나 서비스가 아이들의 노동에 의해 만들어진 것이 아닌지 확인하는 작업을 하도록 요구한 것이다. (○, ×)

06. 기업의 제품이나 서비스를 만들고 판매하는 전체 과정에서 나오는 온실가스는 Scope 2라고 한다. (○, ×)

07. 2017년에 설립된 (   )는 전 세계 기업이 기후 변화가 비즈니스에 어떤 영향을 미칠 수 있는지 명확히 알리기 위해 구성된 그룹이다.

정답과 해설

01. ④

ESG 관련 법률 중 제품정보 공개 의무와 관련한 내용이다.

02. ②

EU 지속가능한 기업실사 법률에서 인권, 환경, 거버넌스(기업 운영방식)와 관련해 자사의 활동이나 공급망에서 나타날 수 있는 실제적 또는 잠재적인 부정적 영향을 찾아내고 평가하는 것을 식별 및 평가라고 한다.

03. ④

EU의 기업 지속가능성 보고지침 요구사항 중 위험관리는 기업이 직면할 수 있는 주요 지속가능성 위험과 그 위험을 관리하기 위한 방안 보고이다.

04. ④

EU의 기업 지속가능성 보고지침 요구사항 중 위험관리는 기업이 직면할 수 있는 주 ISO 26000은 지배구조(회사가 어떻게 관리되고 있는지), 인권(사람들의 권리 존중), 노동 관행(직원들의 근무 환경), 환경(지구 보호), 공정 거래(정직하고 투명한 비즈니스 행동), 소비자 이슈(소비자 권리 보호), 지역사회 참여 및 개발(사회에 기여하는 방법) 등 크게 7가지 주제를 다루고 있다. 지속가능성 위험과 그 위험을 관리하기 위한 방안 보고이다.

05. ○

네덜란드 아동노동 실사의무법은 기업들이 자신들이 판매하거나 제공하는 상품이나 서비스가 아이들의 노동에 의해 만들어진 것이 아닌지 확인하는 작업을 하도록 요구하며 만약 그런 의심이 든다면 기업은 그 결과를 네덜란드 정부에 보고해야 한다.

06. ×

기업의 제품이나 서비스를 만들고 판매하는 전체 과정에서 나오는 온실가스는 Scope 3 이다.

07. **기후 관련 재무공개 태스크포스(TCFD)**

2017년에 설립된 기후 관련 재무공개 태스크포스(TCFD, Task Force on Climate-related Financial Disclosures)는 전 세계 기업이 기후 변화가 비즈니스에 어떤 영향을 미칠 수 있는지 명확히 알리기 위해 구성된 그룹이다.

■ 각주 설명

1) 인증서 1개당 온실가스 배출량 1톤이 적용된다.

2) 배출권거래제, 즉 ETS(Emission Trading System)는 지구 온난화의 주범인 탄소 배출을 줄이기 위한 하나의 방법으로 '탄소 배출에 가격표를 붙이고, 그것을 사고팔 수 있게 만든 것'이라고 할 수 있다. 간단히 말해, 배출권거래제는 지구를 지키기 위해 탄소 배출에 대해 비용을 부과하고, 그 비용을 줄이려는 기업들의 노력을 장려하는 시스템이라고 할 수 있다.

3) 실사는 기업이 자신의 사업 활동과 공급망 전체에서 환경이나 인권에 어떤 영향을 미치는지를 체계적으로 조사하고 평가하는 과정으로 기업이 만든 제품이나 서비스가 세상에 나오기까지 얼마나 '친환경적이고 인권을 존중하는' 방식으로 이루어졌는지를 살펴보는 것이다.

4) EU에서는 환경과 인권을 보호하기 위해 주의를 기울여야 할 몇 가지 '고위험 산업'을 정해 놓았다. 이 산업들은 사람들의 삶과 지구 환경에 큰 영향을 미칠 수 있기 때문에 더 많은 관심과 조사가 필요하다.
   - 섬유 산업: 옷이나 신발, 가방 등을 만드는 곳과 이런 제품들을 큰 규모로 판매하는 곳이 포함되어 이런 제품을 만들 때 사용되는 재료나 공정 과정에서 환경이나 노동자에게 해가 되지 않도록 주의해야 한다.
   - 에너지·광물 산업: 원유나 천연가스, 석탄 같은 에너지 자원을 캐고, 운반하고, 다루는 산업으로 이 과정에서 환경오염이나 광부들의 안전 문제가 발생할 수 있다.
   - 농업·임업·수산업: 음식을 만들거나, 큰 규모로 농산물 판매, 동물 및 동물 제품을 다루는 산업으로 이 산업에서는 농약 사용이나 노동 조건 등을 신경 써야 한다.
   - 건축 산업: 건물을 짓는 과정에서 건축자재의 선택이나 건설 노동자의 권리를 보호해야 한다.
   - 금융 산업: 돈을 빌려주거나, 투자 관리, 보험 같은 금융 서비스를 제공하는 것으로 이 산입은 돈이 어디에 사용되는지, 환경이나 사회에 좋은 영향을 주는 곳에 투사되는지 주의 깊게 봐야 한다.
   - 디지털 산업: 컴퓨터나 휴대폰 같은 전자 제품을 만들거나, 인터넷 서비스, 소셜 미디어(SNS), 온라인 쇼핑 같은 디지털 관련 일로 이 산업에서는 데이터의 안전이나 개인정보 보호 같은 문제가 중요하다.

5) 환경교육포털 누리집(https://www.keep.go.kr)

6) 녹색제품구매정보시스템(https://gd.greenproduct.go.kr:8447)

7) 인증관련 제도는 환경성적표지, 저탄소제품인증제도(환경부), 재활용용이성등급표시-포장재질·구조 평가제도(환경부), 분리배출표시제도(환경부)

읽을 거리

자체(광역 · 기초) 중심의 ESG 스타트업 생태계 조성 필요

ESG는 환경(Environmental), 사회(Social), 지배구조(Governance)의 영문 첫 글자를 조합한 단어로, 글로벌 경제 중심에 있다. 그중에서도 가장 주목받는 키워드는 환경이며, 기후변화와 탄소 배출, 환경오염과 환경규제, 생태계와 생물다양성 등이 주요 이슈이다. 참고로, 2019년 12월 11일 유럽연합(EU)에서 발표한 그린딜(Green Deal) 정책에는 2050년 탄소중립을 달성하고, △청정에너지, △순환경제, △자원 효율적 건축, △지속가능한 수송 등의 분야별 전략과 실행 로드맵이 제시되어 있다.

사회(Social) 측면에서는 데이터 보호 및 프라이버시, 인권, 성별 평등 및 다양성, 지역사회 관계 등이 주요 이슈이다. 소비자와 투자자가 세상에 유익을 주는 기업을 응원하고, MZ세대 중심으로 가치 소비를 높이고 있다. 대한상공회의소 조사에 따르면, 60프로가 넘는 소비자들이 제품 구매 시 ESG 활동을 고려한다고 응답했으며, ESG 활동에 부정적인 기업의 제품을 의도적으로 구매하지 않는 경험이 있다고 응답한 비율도 70프로에 육박하고 있다. 특히 환경 혹은 사회에 도움이 되는 소비라면 조금 더 비싼 가격의 제품이라도 구매하겠다는 응답이 68프로에 이르며, 사회 문제를 이유로 제품 불매 운동에 참여한 경험이 있다는 비율도 절반이 넘는다.

지배구조(Governance) 측면에서는 이사회 및 감사위원회 구성, 뇌물 및 반부패, 기업윤리 등이 주요 이슈이다. 기업의 사회적 책임이 강조되고, 투자자와 소비자들도 기업을 평가하는데 재무적 가치보다 비재무적 가치를 중시하고 있다. 우리나라에서도 2026년부터 자산총액 2조 원 이상의 유가증권시장 상장사는 ESG 공시가 의무화될 예정이며, 2030년까지는 모든 코스피 상장사로 확대할 계획이다.

앞에서 열거한 ESG 동향에 따라 필자가 제시하고자 하는 것은 지자체에서는 지역에 맞는 ESG 스타트업 생태계를 구축해야 한다는 것이다. 이 제안은 일자리 확충과 미래 경쟁력 측면에서 매우 큰 의미가 있다.

현재 ESG를 실천하는 기업 중 이퀄(EQUAL)은 소형 화물 배송에 알맞은 형태의 이륜 전기차를 개발하고, 렌트를 통해 비즈니스 문제를 해결하고 있으며, 브이젠(VGAN)은 친환경적 전력발전 및 사용량을 예측하고 효율적인 분배를 하는 K-VPP 솔루션을 개발하여 에너지 부족 문제에 대한 해결책을 제시하고 있다. 수퍼빈(SuperBin)은 AI 기술을 활용해 재활용이 가능한 폐기물을 실제로 재활용할 수 있도록 돕고 있다.

다른 한편에서는 대기업을 중심으로 ESG 사내벤처가 확산되고 있다. 삼성전자 사내벤처인 에바(EVAR)는 폐배터리를 회수해서 만든 이동형 전기차 자동충전 로봇 개발을 통해 어디서든지 충전이 가능하도록 하였으며, 포스코 사내벤처인 카본엔은 포스코제철소에서 발생하는 이산화탄소를 포집해 고순도 액화탄산가스를 만들고 있다. 액화탄산가스는 탄산음료나 드라이아이스, 용접용 가스 원료로 활용된다. CJ제일제당 사내벤처인 이노백은 푸드 업사이클링과 식물성 대체유 사업화를 추진하고 있다. 푸드 업사이클링은 깨진 쌀, 콩비지 등 식품 부산물을 활용해 제품화하여 식품 폐기물을 줄이고, 패키징도 쓰고 버린 페트병을 재활용하고 있다.

이제 ESG는 선택이 아니라 필수다. 무엇보다 ESG를 성공적으로 안착하기 위해서는 최고경영자는 물론 조직 전체가 한 방향으로 참여해야 한다. 특히 수출의존도가 높은 우리나라에서는 환경규제에 직면하게 되는 다양한 문제를 해결하고 산업의 경쟁력을 높이는데 중요한 의미가 있다. 이를 위해 정부 차원에서도 효과적인 ESG 정책과 체계적인 교육시스템도 체계적으로 마련돼야 한다.

출처: 저자(한광식)가 기고한 내용임을 밝힘.

부 록

01

기획서 작성의 핵심

1. 기획서 작성의 핵심포인트

- 가득 채우기보다는 여백의 미를 고려하라.
- 디테일보다 키워드로 요약하라.
- 가급적 포인트를 3가지로 정리하라.
- 명확히 이해할 수 있는 흐름을 보여줘라.
- 문장만이 아니라 비주얼로 차별화하라.
- 특색 없는 이미지보다 실제 사진을 활용하라.
- 고객이 이해하기 쉽게 비교법을 사용하라.
- 수치보다 그래프로 표현하는 방법을 연구하라.
- 복잡하지 않도록 이미지를 통일하라.
- 상대의 꿈을 실현하는 제안을 하라.

2. 기획서의 8요소

- why : 왜 이 기획을 입안하는가?
- what : 이 기획으로 무엇을 하려 하는가?
- target : 무엇에 대해 이 기획을 실시하는가?
- how : 이 기획을 어떻게 추진하려고 하는가?
- when : 언제 어떠한 일정으로 추진하려고 하는가?
- who : 누가 하는가?
- where : 어디에서 실시하는가?
- how much : 비용과 이익은 어떠한가?

3. 프레임 설정

- 살보다 통뼈가 중요하다.
- 숲을 그리고 나무를 심는다.
- 요약해 주고 상세하게 풀어간다.
- 핵심과 부연
- 연역적 방법
- 답부터, 결론부터 말하기

4. 메시지를 강조하는 방법

- 덜 중요한 항목은 회색으로 처리하기
- 정보를 강조하기 위한 색 사용하기
- 모양을 다르게 지정해 차이점 강조하기
- 크기의 차이를 이용해 핵심 강조하기
- 관련 있는 것끼리 가깝게 배치하기

5. 비즈니스 글쓰기

- 상사가 이해하고 설득이 되도록 한다.
- 목적을 충분히 생각하고 작성한다.
- 'know-how'보다 'know-where'가 중요하다.

6. 기획서가 갖추어야 할 가장 기본적인 4법칙

차별성 + 접근 용이성(이해 및 보기가 쉬워야 한다), 집중성(기획서의 모든 메시지는 콘셉트를 향해 집중되어야 한다), 일관성

02

지식재산권의 확보

지식재산권(Intellectual Property Rights)이란 사람의 정신적, 지능적 능력의 결정체인 창작에 대하여 사회에 공개하는 대가로 국가가 공권력에 의해 부여해 주는 독점권을 말한다. 보통 우리가 알고 있는 통상의 동산이나 부동산과는 달리 형체가 없기 때문에 무체재산권이라고도 한다.

오늘날과 같이 기술적 창작활동이나 문화·예술 활동이 급속하게 발전하고 있는 첨단기술 정보사회와 사람의 두뇌에 기초한 경제사회의 다양화, 고속화, 자동화, 종합화로 인한 사회에서는 지식재산권의 관리능력이 개인이나 기업의 생존을 좌우하는 경우가 많다. 지식재산권의 종류로는 [그림 1]과 같이 산업재산권, 저작권, 신지식재산권으로 구분할 수 있다.

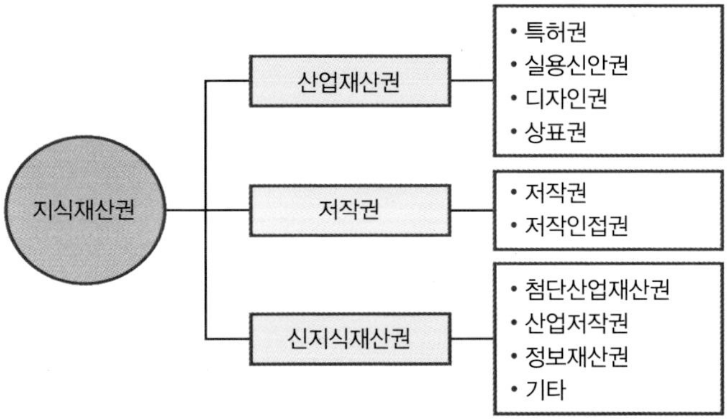

[그림 1] 지식재산권의 종류

1. 지식재산권은 왜 필요한가

• **시장에서의 독점적 지위 확보**

지식재산권은 독점배타적인 무체재산권으로 신용창출, 소비자의 신뢰도 향상 및 기술판매를 통한 로열티 수입이 가능하다.

• **특허분쟁의 예방 및 권리보호**

자신의 발명 및 개발기술을 적시에 출원 및 권리화함으로써 타인과의 분쟁을 사전에 예방하고, 타인이 자신의 권리를 무단 사용 시 적극적으로 대응하여 법적 보호가 가능하다.

• **연구개발 투자비 회수 및 향후 추가 기술개발의 원천**

막대한 기술개발 투자비를 회수할 수 있는 확실한 수단이며, 확보된 권리를 바탕으로 타인과 분쟁 없이 추가 응용 기술개발이 가능하다.

• **정부의 각종 정책자금 및 세제지원 혜택**

지식재산권을 보유하고 있는 경우 특허기술 사업화 자금지원을 비롯하여 각종 정부자금 활용과 세제지원 혜택이 주어진다.

2. 산업재산권의 개념 및 분류

산업재산권(Industrial Property Right)은 새로운 발명에 대하여 그 창작자에게 일정 기간 동안 독점 배타적인 권리를 부여하는 대신, 이를 일반인에게 공개하도록 하여 일정기간이 지나면 누구나 이를 이용할 수 있도록 함으로써 기술 진보와 산업 발전을 추구하는 제도이다.

산업재산권은 특허권, 실용신안권, 디자인권, 상표권을 총칭하며, 산업활동과 관련된 사람의 정신적 창작물(연구 결과)이나 창작된 방법을 보호하고 그 독점적 권리를 인정하기 때문에 무체재산권의 일종으로 분류된다. 〈표 1〉은 산업재산권의 개념 및 분류를 설명한 것이다.

〈표 1〉 산업재산권의 개념 및 분류

구분	특허권	실용신안권	디자인권	상표권
정의	자연법칙을 이용한 기술적 사상의 창작으로써 발명 수준이 고도화된 것(대발명)	자연법칙을 이용한 기술적 사상의 창작으로써 물품의 형상・구조・조합에 관한 실용 있는 고안(소발명)	물품의 형상・모양・색채 또는 이들이 결합한 것으로써 시각을 통하여 미감을 느끼게 하는 것	타인의 상품과 식별하기 위하여 사용되는 기호・문자・도형・입체적 형상・색채, 홀로그램・동작 또는 이들을 결합한 것
보기(전화기)	알렉산더 그레이엄벨이 전자를 응용하여 처음으로 전화기를 생각해 낸 것	분리된 송수화기를 하나로 하여 편리하게 한 것	탁상전화기를 반구형이나 네모꼴로 한 것	전화기 제조회사가 제품이나 포장 등에 표시하는 상호・마크
존속기간	설정등록일로부터 출원일 후 20년까지	설정등록일로부터 출원일 후 10년까지	설정등록일로부터 출원일 후 20년까지	설정등록일로부터 10년(10년마다 갱신 가능, 반영구적 권리)

[그림 2] **산업재산권 분류의 예시**

〈표 2〉 **참고자료: 특허제도와 실용신안제도 비교**

구분		특허	실용신안
등록	보호대상	자연법칙을 이용한 기술적 사상의 창작으로서 고도한 것	물품의 형상·구조 또는 조합에 관한 자연법칙을 이용한 기술적 사상의 창작
	등록요건	신규성, 진보성 등 실체적 요건	특허와 동일
	결정방법	특허결정 또는 특허거절 결정	실용신안 등록결정 또는 실용신안 등록결정 거절
권리 행사	권리존속기간	20년	10년
	권리행사의 요건	설정등록	특허와 동일
	침해자의 과실추정	설정등록 후	특허와 동일
권리 취소 무효	이의신청	이의신청제도가 무효심판제도로 통합	특허와 동일
	심사청구	출원부터 5년 이내, 누구든지 가능, 취하할 수 없음	출원부터 3년 이내, 누구든지 가능, 취하할 수 없음
	무효심판	• 설정등록이 있는 날부터 등록공고일 후 3개월 이내에는 누구든지 가능	특허와 동일

		• 등록공고일 후 3개월 이후에는 이해관계인 또는 심사관만 가능	
기타	우선심사제도	있음	있음
	진보성	용이하게 발명가능한지 여부	극히 용이하게 고안가능한지 여부
	정정가능절차	무효심판, 정정심판, 정정의 무효 심판	특허와 동일

〈표 3〉 **참고자료: 상표의 종류**

구분	상표	서비스표	업무표장	단체표장
정의	타인의 상품과 식별하기 위해 사용하는 표장(과자, 옷, 학용품, 자동차 등에 사용)	타인의 서비스업과 식별하기 위해 사용하는 표장(광고업, 금융업, 요식업 등에 사용)	국내에서 비영리 업무를 영위하는 자가 업무를 나타내기 위해 사용하는 표장	동종업자의 법인이 단체참여자의 영업에 관한 상품 또는 서비스업에 사용하는 표장
사례	청정원	본죽&비빔밥cafe	KORAIL	무안양파
등록번호	40-0000000	41-0000000	42-0000000	44-0000000
권리자	대상 주식회사	본아이에프 주식회사	대한민국 철도청	무안양파 영농조합법인

3. 저작권과 저작인접권

저작권은 지식재산권의 하나로서 인간의 사상 또는 감정 등을 독창적으로 표현한 창작물인 '저작물'에 대하여 창작자가 가지는 독점적·배타적인 권리를 말하며, 산업재산권과 달리 창작과 동시에 보호를 받으며 보호받기 위하여 별도의 등록 절차나 방식을 필수적으로 요구하지는 않는다. 〈표 4〉는 저작권과 저작 인접권의 비교를 설명한 것이다.

〈표 4〉 **저작권과 저작인접권의 비교**

구분	저작권	저작인접권
정의	사람의 생각이나 감정을 표현한 결과물에 대하여 그 표현한 사람에게 주는 권리로 저작인격권과 저작재산권으로 구 분됨	글자 그대로 저작권에 인접한, 저작권과 유사한 권리로서 이 권리는 실연자(배우, 가수, 연주자), 음반제작자 및 방송 사업자에게 귀속됨
예시	소설가가 소설작품을 창작한 경우에 원고 그대로 출판·배포할 수 있는 복제·배포권과 함께 그 소설을 영화나 번역물 등과 같이 다른 형태로 저작할 수 있는 2차 저작물 작성권, 연극 등으로 공연할 수 있는 공연권 등	• 실연자가 그의 실연을 녹음 또는 녹화하거나 사진으로 촬영할 권리 • 음반제작자는 음반을 복제·배포할 권리 • 방송사업자는 그의 방송을 녹음·녹화·사진 등의 방법으로 복제하거나 동시 중계방송할 권리
보호 기간	• 사람이 저작자인 경우에는 저작물을 창작한 때로부터 시작되어 저작자가 살아 있는 동안과 사후 70년간 • 법인이나 단체가 저작자인 경우는 공표한 다음해부터 70년간	• 실연의 경우에는 그 실연을 한 때부터 70년간 • 음반의 경우에는 음반을 발행한 때로부터 70년간 • 방송의 경우에는 방송을 한 때부터 70년간

4. 신지식재산권의 개념 및 분류

신지식재산권이란 전통적인 산업재산권, 저작권의 범주에 속하지 않으면서 경제의 발전 및 변화와 함께 그 보호의 필요성이 대두된 새로운 지식재산권을 말한다. [그림 3]은 신지식재산권의 개념 및 분류를 설명한 것이다.

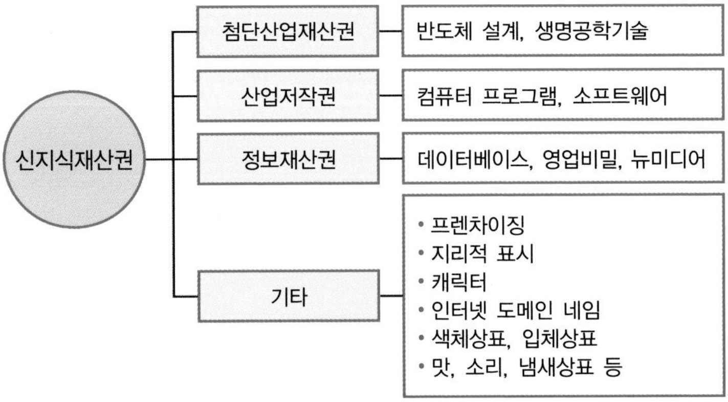

[그림 3] **신지식재산권의 개념 및 분류**

참고자료

01

기획재정부 ESG 인프라 계획

2022. 12. 27. 관계부처 합동

기업 경쟁력 제고와 지속가능 경제구축을 위한 ESG 인프라 고도화 방안

Ⅰ. 추진배경

◇ 기업 · 투자기관의 환경 · 사회적 책임을 강조하는 ESG 경영 · 투자가 민간중심으로 확산

ㅇ ESG는 UN PRI*('06년) 등을 통해 본격 등장하여, 블랙록 ESG 투자선언('20.1월) · 글로벌 기업 ESG 경영 도입 등 민간중심으로 확산

* Principles for Responisble Investment : 글로벌 금융사들이 투자의사결정시 재무적 분석외에 ESG 이슈를 고려하기로 합의

◇ 코로나19, 기후위기 심각성에 대한 인식이 증대 → 최근 국제기구, EU 등의 글로벌 ESG 제도화 움직임이 빠르게 확산

ㅇ ISSB(국제지속가능성표준위원회) ESG 공시 국제표준화('23.上), EU ESRS*, 미국 SEC의 기후공시 의무화('22년말) 등 글로벌 ESG 공시 규율 강화 전망

* 유럽지속가능성보고기준 : 일정규모 이상의 EU 기업과 외국기업에 ESG 공시 의무화

ㅇ EU는 탄소국경조정제도*(CBAM) · 공급망 실사** 도입 등을 통해 EU 수출 · 협력기업에 온실가스 감축 · ESG 이행 부담 부과 예정

* EU내 수입업자에 제품 탄소배출량에 상응하는 배출권구매 등 경제적 부담 부과

** EU내 기업 및 거래기업 공급망에 포함된 모든 협력사에 환경, 인권 등 ESG 관련 리스크를 조사하여 필요한 조치를 취할 의무 부담

◇ 정부 지원 강화·인프라 구축 고도화 → 민간 중심의 자생적 ESG 생태계 조성 가속화 필요

※ 새정부 국정과제(역동적 혁신성장을 위한 금융·세제 지원 강화 등)에 ESG 포함

ㅇ 정부는 ESG 글로벌 논의 확산에 따라 국내 민간의 체계적 대응을 지원하기 위해 'ESG 인프라 확충 방안' 마련('21.8월)

* ①ESG 경영공시 활성화, ②중소·중견기업 ESG 역량 강화, ③공공기관 ESG 경영, ④ESG 채권·펀드 활성화, ⑤시장자율규율체계, ⑥공공부문 ESG 투자, ⑦ESG 정보플랫폼 구축

▪ K-ESG 가이드라인·녹색분류체계 마련, ESG 투자플랫폼 구축, 중소기업에 대한 교육·컨설팅 확대 등 추진중

ㅇ ESG 공시 국제표준화, EU 공급망실사 등으로 국내 공시체계정비, 중소·중견기업 지원 강화 등 국내 ESG 인프라 지속 구축 필요

☞ 급변하는 글로벌 ESG 환경에 대비하고, ESG 인프라 확충방안을 구체화하기 위해 「ESG 인프라 고도화 방안」 추진

Ⅱ. ESG 국내외 현황

1. ESG 국제 현황

◇ (정부·국제기구) 기후위기·양극화로 ESG에 대한 관심이 증가하며, 주요 국가 및 국제기구를 중심으로 제도화 추진 중

ㅇ ISSB 국제표준화, EU ESRS, 미국 SEC 기후공시의무화 등 추진 중

▪ IFRS(국제회계기준) 재단은 ISSB(국제지속가능성표준위원회)를 설립해 ESG 일반 및 기후 관련 공시 기준 국제표준화 추진('23.上)

* ('22.3월) 초안 발표 → ('22.7월) 전세계 의견 수렴 → ('23.上) 최종안 발표

▪ EU는 ESRS 마련*을 통해 공시기준을 제시하고 EU 기업·외국기업의 ESG 공시 의무화를 단계적으로 확대** 예정

* ('22.5월) 초안 발표 → ('22년말) 의회 통과 → ('24.1월) 시행

** ('24년) NFRD 적용 대상 기업 → ('25년) NFRD 비적용 대기업 중 일정규모 이상 → ('26년) 상장중소기업, 소규모 은행 및 종속 보험회사 중 일정규모 이상

■ 미국 SEC(증권거래위원회)도 '기후공시 의무화 규정'을 통해 공시기준을 제시하고 상장기업 공시 의무화를 단계적 확대 예정('22년말)

* ('23년) 시총 7억달러 이상 기업 → ('24년) 시총 0.75억 달러 이상 기업 → ('25년) 시총 0.75억달러 이상이거나 매출이 1억달러 이상인 기업

○ EU는 공급망실사 등을 통해 EU내 일정규모 이상 기업에 본사뿐 아니라 자회사와 거래기업의 ESG 경영 관리 의무화 계획

■ 탄소국경조정제도를 통해 EU내 수입업자에 제품 탄소배출량에 상응하는 배출권 구매 등 경제적 부담 부과('23년 시범도입)

■ EU는 ESG 경제활동 기준인 녹색분류체계를 마련('23년 시행)·개선(원전 등 포함 의회승인, '22.7월)하였고 사회적분류체계(안)도 발표('22.2월)

* 녹색경제활동과 사회적경제활동으로 분류를 위한 기준 및 원칙

◇ **(ESG 투자) 주요 금융·투자기관을 중심으로 ESG 투자 기반 마련 중이며, 코로나 19 이후로 ESG 투자에 대한 수요 급증**

○ 블랙록* 등 자산운용사들은 투자기업에 ESG 경영 요구 확대, 국제 이니셔티브 가입 등을 통해 ESG 투자 확대

* '22.1월 연례 주주서한에서 기후변화에 적극적이고 직원이 일하기 좋은 기업에 투자하겠다고 언급

■ 세계 주요 공적연기금도 자체 평가기준 수립 등을 통해 기업에 ESG 경영 전환 요구

* CalPERS(美 공무원 연금)는 Net-Zero Set Alliance에 가입해 친환경 투자를 확대하고 있고 적극적인 주주권 행사를 통해 기업들의 탈탄소화 유도

○ 글로벌 ESG 투자규모는 '20년에 35조 달러를 넘었고 '25년에 50

조달러 이상 전망(글로벌 지속가능투자협회)

◇ (ESG 경영) 글로벌 기업을 중심으로 ESG 공시 강화, 국제이니셔티브 가입 등을 통해 ESG 경영 추진중

ㅇ 대기업을 중심으로 ESG 공시* 활성화중이며, 글로벌 기업들이 온실가스 간접배출량*까지 공시하며 협력기업의 배출량 감축 요구

* 주요 52개국 매출상위 100개 기업 중 80%가 지속가능경영공시 수행('21년, KPMG)

** Scope 3 : 기업 조직경계 외부에서 기업활동에 따라 유발된 배출(협력업체 배출량 포함)

ㅇ 구글 · 애플 · BMW 등 주요기업들은 RE 100 · RBA* 등을 선언하고 협력기업에도 참여 요구

* Responsible Business Alliance : 공급망 ESG 관리를 위한 사업 연합체

◇ (ESG 평가 · 컨설팅시장) ESG가 확산되며 기업 ESG 리스크 평가 및 컨설팅 서비스 시장이 형성 · 성장

ㅇ 주요 기관*들이 ESG 평가 서비스를 주력 사업으로 추진중이고, ESG 데이터 수집 · 제공 시장도 활성화

* S&P, Bloomberg, MSCI 등

ㅇ 글로벌 로펌·회계법인·컨설팅 기업은 글로벌 대기업 및 금융회사 대상으로 다양한 ESG 컨설팅 서비스* 제공

* 지배구조 개선, ESG 공시, 투자전략, 리서치 등

2. ESG 국내 현황

◇ (ESG 공시) 상장기업 중심으로 지속가능경영보고서 및 기업지배구조보고서 공시

ㅇ 지속가능경영보고서(E · S)는 자율공시이며, 기업지배구조보고서(G)는 자산 1조원 이상 기업 의무 공시

○ 삼성・SK 등 주요 상장기업을 중심으로 ESG 보고서 공시중이며, '21년기준 지속가능경영보고서를 공시한 기업은 80개사

◇ (ESG 투자) 국민연금의 ESG 투자 확대선언('19.11월) 이후, 주요 투자기관들의 ESG 투자 급증

○ 국민연금은 ESG 투자 확대('22년 AUM의 50% 목표), ESG 통합 전략 가이드라인('21.11월) 마련 등 적극 주도

■ 주요 금융사는 ESG 투자 목표 설정, 전담조직 신설, UN PRI ('20년 8개사 → '21년 12개사) 참여 확대 등 ESG 투자 활성화 추진

* 신한금융 ESG 전담조직 신설, 한화자산운용 ESG 액티브펀드 출시 등

○ 국내 ESG 투자규모는 '20년 이후 크게 증가*

* ESG ETF(조원) : ('18) 0.3 → ('21) 1.6, ESG 채권(조원) : ('18) 1.25 → ('21) 86.8

◇ (ESG 경영) 대기업 중심으로 ESG 경영이 확산중

○ 삼성, SK 등 주요 대기업을 중심으로 ESG 경영전략 수립*・공급망 관리 등 ESG 경영 적극 추진*중

* 삼성 全계열사 ESG 사업계획 수립, 현대차 '25년 배터리・수소전기차 67만대 목표 등

○ 중소・중견기업의 경우 ESG 경영 필요성은 인식하고 있으나, 전문인력 부족・비용부담 등으로 ESG 준비는 미흡한 상태

* 대한상의의 수출기업(300개) 공급망 ESG 실사 설문조사 : ESG 경영수준 (매우 낮음) 41.3%, (다소 낮음) 35.9%, (다소높음) 21.6%, (매우높음) 1.2%

◇ (평가 및 컨설팅 시장) ESG가 새로운 블루오션으로 떠오르며 ESG 평가와 컨설팅 시장이 국내에서 활발하게 조성

○ 서스틴베스트, 대신경제연구소 등은 국내기업의 ESG 경영을 평가・제공, 로펌・회계법인 등은 ESG 컨설팅 사업에 참여

Ⅲ. 향후 정책추진 기본방향

정책 목표	민간 중심 ESG 생태계 활성화를 통해 우리기업 경쟁력 제고와 지속가능한 경제 구축
핵심 전략	인프라 구축 가속화로 ESG 생태계 육성지원
정책 과제	❶ ESG 공시제도 정비 · 국내 ESG 공시체계 정비 · ESG 공시·공개제도간 연계강화
	❷ 중소·중견기업 ESG 경영지원 강화 · 중소기업 ESG 경영전환 지원 · 공급망 실사 대응 강화 등 수출·협력 중소기업 맞춤형 지원 강화
	❸ ESG 투자 활성화 · ESG 채권 발행·투자 활성화를 위한 기반 구축 · ESG 평가기관 가이던스 마련 및 ESG 평가지원 강화
	❹ ESG 정보·인력 지원체계 구축 · ESG 정보 제공·이용 활성화를 위한 기반 강화 · ESG 전문인력 양성
	❺ 공공부문 ESG 선도 · 공공기관 ESG 경영 촉진 · 연기금 ESG 투자 확대
추진 체계	❻ 민관 합동 ESG 협의회(가칭) · (구성) 기재부차관 주재, 관계부처 차관 + 민간전문가

Ⅳ. ESG 인프라 고도화 주요정책과제

1. ESG 공시제도 정비

◇ 글로벌 기준 · 국내 실정 등 고려해 국내 ESG 공시제도를 정비하되, 기업의 ESG 공시 부담 완화 병행

1 글로벌 공시 표준화 등에 대비해 공시체계 정비

ㅇ (국제) ISSB(국제지속가능성기준위원회) 등 ESG 공시의 국제표준화 논의에 적극 참여하여 국제표준 마련에 기여

* ISSB 공시 초안에 대한 한국의견서 제출('22.7월, 회계기준원에서 산업계 등 의견수렴)

■ ISSB 한국인 위원 활동*, ISSB 공식 자문기구인 SSAF**에 한국의 회원국 가입 추진('22년말) 등을 통해 국내의견 전달 노력

* ISSB는 위원장, 부위원장 포함 14명 위원 중 한국인 1명을 위원으로 선임('22.7월)

** Sustainability Standards Advisory Forum(지속가능성기준 자문포럼)

ㅇ (국내) 국내기업 ESG 경영의 투명성 · 비교가능성 등 제고를 위해 국내 ESG 공시제도 정비방안 마련 추진('23년)

* ESG 정보공개 가이던스, 자본시장법령 등 개편 방안 검토

■ ESG 공시기준 국제 논의동향 등을 모니터링하며 국내기업 ESG 공시 의무화 방안 및 세부일정 구체화

* 지속가능경영보고서 의무화 일정(안) ('21.8월 ESG 인프라 확충 방안) : ('25년) 일정규모(예: 자산 2조원) 이상 → ('30년) 전코스피 상장사

■ KSSB* 설립 등을 통해 ISSB 국제표준, 국내산업여건 등을 고려해 국내 ESG 공시기준 등 마련 추진

* Korea Sustainability Standards Board(회계기준원내 산하기구로 설립)

2 공시제도와 각부처 정보공개제도간 연계 강화

* 공시제도 : 지속가능경영보고서, 기업지배구조보고서

** 공개제도 : 환경정보공개제도, 고용형태현황공시제도, 기업집단현황공시제도

○ ESG 공시제도와 각부처 공개제도간 내용이 유사·중복인 항목에 대해 명칭일원화* 등을 통해 조정**하여 기업 공시부담 완화('23년)

* (예) 근로형태 현황 공시 '소속외 근로자수'와 지속가능경영보고서의 '직원이 아닌 근로자가 수행하는 업무' 지표 유사 → 직원이 아닌 근로자수로 명칭 조정

** 환경정보공개제도 운영규정, 고용정책기본법 시행규칙 등 개정 검토

○ 중장기적으로 ISSB 국제표준 등에 따른 ESG 공시관련 법령 개정 등에 맞춰 의무이행간주* 점진적 도입

* 공시나 공개제도에서 일정 항목을 공개한 경우 타제도상 해당 항목 공시한 것으로 간주

■ ESG 공시항목 중 의무이행간주가 가능한 항목*부터 단계적으로 도입하는 방안 추진

* 국제적중요성, 실현가능성(정보취합단위, 시스템 연계 등) 등 고려해 의무이행 간주 항목 지정(예 : 용수사용량, 정규직 근로자수 등)

2. 중소·중견기업 ESG 경영지원 강화

◇ 중소·중견기업의 자율적 ESG 경영 확산을 위한 인센티브를 강화하되, 수출·협력기업에는 공급망 실사 대비 맞춤형 지원 제공

1 중소·중견기업의 ESG 경영 전환 지원

○ (ESG 확산) 기업의 ESG 경영지원을 위해 마련한 K-ESG 가이드라인('21.12월)을 규모별*('22년)·업종별**('23년~) 특성을 반영해 구체화

* 중소·중견기업 K-ESG 가이드라인 : 중소·중견기업에 현실적으로 적용가능한 ESG 항목 선정, ESG 경영체계 구축안내, 현장에서 활용 가능한 실무지침 제시

** 자동차, 전자, 바이오 등 주요 업종 마련

■ 중소기업의 ESG 경영 자가진단을 지원하기 위한 체크리스트를 세분화하고 전문가를 통한 컨설팅·심층진단을 실시*('22.12월)

* 업종별·기업유형별(수출, 대기업협력사, 고탄소기업 등) 특성에 맞게 배점·지표를 차별화하고, 누적 DB에 근거한 업종별 비교분석 제공

■ K-ESG 가이드라인 및 체크리스트의 이용편의성·실용성 제고

등을 위해 상호 연계 강화 및 홍보 방안 등 검토

○ (교육 · 컨설팅) 중소 · 중견기업 대상으로 ESG 교육 · 컨설팅 확대

■ 기업의 안전보건관리체계* 구축 지원을 위한 컨설팅 제공 대상 기업 확대 및 일터혁신** 컨설팅 사업 확대

* 산재예방을 위한 위험성평가, 안전보건경영시스템 구축 · 이행방안에 대해 컨설팅(50인 미만 기업 대상 추가)

** 소규모 · 취약사업장 중심으로 임금체계 · 작업 관행 개선 등 일터 혁신을 위한 컨설팅 제공

■ 중소 · 중견 대상 사내전문가 육성 과정*을 수도권 중심에서 산업단지 입주기업 등 지방으로 확대**('22.12월)

* 지속가능경영보고서 작성, 평가 대응 등 교육

** 지역별로 반도체, 석유화학 등 주력산업과 연계하여 업종별 특화 프로그램 운영

○ (인센티브제공) 중소기업 ESG 경영 촉진을 위한 지원 강화

■ ESG 포상 · 우수 중소기업에 공공조달 낙찰자 선정시 신인도 평가 가점 부여 방안 추진(~'23년)

■ 중소 · 중견기업의 저탄소사업 전환 등을 위한 정책금융기관의 ESG 금융지원* 규모 확대

* 기후대응보증(기보 및 신보, '23년 각각 5,000억원), 에너지전환자금(산은, '22.년 1조원), 지속가능연계대출(기은, '22년 2,000억원)

■ 벤처 · 스타트업계의 ESG 역량 제고를 위해 「ESG 벤처투자 표준 가이드라인」('22.7월)를 적용한 ESG 전용펀드 조성('22.12월)

* '22.12월말 200억원 조성 예정(모태펀드 100억원 출자)

■ 중소기업이 온실가스 감축 실적을 비용부담 없이 측정하고 검증받을 수 있는 간이 MRV(측정 · 보고 · 검증) 시스템 구축*('23년~)

* (측정·보고) 에너지사용량 등을 토대로 온실가스 배출량을 자가진단 → (검증) 에너지공단에서 한전 전력데이터 등을 활용해 검증확인서 발급

2 공급망 실사 대응 강화 등 수출 · 협력 중소기업 맞춤형 지원 강화

○ EU 공급망 실사 확산에 적기 대응하고 업종별 밸류체인 강화를

위해 수출·협력기업의 ESG 대응력 향상 추진('23년~)

■ 글로벌 기업의 협력사 및 수출 중소·중견기업 등을 대상으로 ESG 공급망실사 모의평가·컨설팅 등 지원

* ('22년) 시범사업(자동차(부품), 전자 산업 등 최대 50개사 선정) → ('23년~) 정식사업으로 확대

○ EU 탄소국경조정제도(CBAM) 등 저탄소 무역장벽에 선제적으로 대응*해, 대기업 협력사 등의 피해가능성 최소화 노력

* 산업부를 중심으로 EU에 CBAM 면제·감면 요구, 국내 수출기업에 대한 차별적 조항 개정 요구 등을 위한 범부처 합동 대응 추진 중

○ 자본조달과 해외수출시 기관투자자 및 산업얼라이언스* 등에서 요구하는 지속가능경영보고서 관련 모범사례 발굴·확산

* 전자, 자동차 등 관련 산업 육성을 위한 기업연합(예: RBA(전자 등), Drive Sustainability(자동차), Responsible Steel(철강), PSCI(바이오의약) 등)

■ 자율공시에 대한 검증시 중소·중견기업의 비용 부담 경감·기준 선택 폭 확대를 위해 민간 자율검증기준 마련

○ 대기업의 협력사(중소기업)에 대한 ESG 경영수준진단, 컨설팅 지원 등에 대한 세제지원 제공('22년~)

* ESG 경영교육 등에 지출하는 비용을 세액공제(조특법시행규칙 개정, '22.3월)

○ 대기업과 중소·중견기업간 컨설팅 등 실질적 협력 유도를 위해 협력네트워크 포럼('22.2월 출범)을 ESG 산업네트워크로 확대·개편('22.12월)

* (포럼) 정보공유 → (네트워크) 컨설팅, 설비투자 등 실질적 지원

○ 수출 중소기업이 참고할 수 있도록 사례 중심의 'ESG 수출 가이드북' 발간 등 추진('22.12월)

3. ESG 투자 활성화

◇ 민간 ESG 채권·투자 활성화를 위해 ESG 채권 가이드라인 등 개선하고, ESG 평가의 최소 자율기준인 ESG 평가기관 가이던스 마련

1 ESG 채권 발행·투자 활성화를 위한 기반 구축

ㅇ 녹색분류체계를 적용하여 추진중인 시범사업* 운영결과를 반영하여 녹색분류 체계 개정('22.12월)

* 6개은행(산은, 기은 등), 4개기업(한수원 등) 참여(4~11월)

■ 녹색분류체계 개정사항을 녹색채권 가이드라인에 반영하여 녹색채권 발행 활성화('22.12월)

ㅇ 사회적으로 지속가능한 경제활동의 원칙과 기준 제시 및 투자 유도 등을 위해 '사회적분류체계'(Social Taxonomy) 연구('23년~)

* 인권, 근로자 안전, 일자리, 소비자 권익, 지역사회(산업), 공급망 협력, 공정전환 지원 등을 사회활동으로 규정

ㅇ 민간의 사회적채권 발행 촉진을 위해 ICMA(국제자본시장협회) 등의 사례를 통해 사회적채권 가이드라인* 마련('23년)

* 사회적프로젝트 범위·사례·예시, 워싱 방지 등을 위한 사전·사후보고 체계 등 제시

※ **ICMA 사회적채권 가이드라인 주요내용**

- (프로젝트 범주) 사회적 문제해결 또는 취약계층 지원 등을 직접 목표
- (평가·선정) 발행기관은 사업 적격성 및 사회적목표와의 부합성 등 투자자에 설명
- (자금관리) 자금흐름이 사업목적과 부합한지 검증, 사업의 효과를 계량화하여 공개
- (외부검토) 외부검토기관을 지정하여 사회적채권에 부합한지 검증

ㅇ 환경 친화적이고 사회가치를 창출하는 사업에 대한 투자 활성화를 위해 '지속가능채권 가이드라인' 마련('23년)

ㅇ 투자활성화를 위해 파리기후협약 지수* 개발('23년) 등 ESG 지수** 다양화 추진

* Paris Aligned Benchmark Regulations : 모지수(예: KOSPI 200) 구성기업의 파리기후협약 관련 규정 이행에 대한 기여도에 따라 가중치를 부여하여 산출

** ESG 지수 : ESG 기준에 따라 선정된 기업들의 시가총액 지수(거래소는 현재 KRX ESG Leaders 150 등 10개지수 산정)

ㅇ SRI*채권의 적격투자(워싱방지) 및 투자자보호를 위해 사후보고(자금사용처 투자자에 보고)의 질적 향상** 유도

* 녹색·사회적·지속가능채권 등을 포괄하는 채권으로 사실상 ESG 채권과 동일 → SRI 채권으로 등록되면 한국거래소 홈페이지에 채권 관련 정보 공시

** (예) 기후채권기구(CBI) 등의 사후보고 관련 발행기관 모범사례 권고안에 따라 사후보고서 작성 권고

② ESG 평가기관 가이던스 마련 및 ESG 평가 지원

ㅇ IOSCO(국제증권관리위원회기구) 권고안을 기초로 산업계·전문가 의견 수렴 등을 통해 「ESG 평가기관 가이던스」 마련('23.1/4분기)

※ IOSCO 권고안('21.11월) 중 'ESG 평가기관'에 관한 부분(요약)

- ESG 평가방법론 및 원천 데이터에 대한 투명성 확보
- ESG 평가기관의 의사결정과정의 독립성 확보와 이해상충 방지
- 평가의 독립성·객관성을 손상시킬 수 있는 활동, 관계 등 회피
- ESG 평가방법론에 대한 높은 수준의 공적인 공개와 투명성 목표

■ ESG 평가의 공정성·투명성제고를 위해 정보공개, 내부통제 등에 대한 최소한의 자율준수 기준 제시

ㅇ 온라인 교육·포럼 등을 통해 ESG 평가기관 가이던스 활용을 유도하고 정기적으로 의견수렴 등을 실시하여 가이던스 보완

4. ESG 정보·인력 지원체계 구축

◇ ESG 정보이용자의 활용도·편의성 등 제고를 위해 ESG 정보 플랫폼 구축 및 민간 ESG 확산 지원을 위해 전문인력 양성

① ESG 정보제공·이용 활성화를 위한 기반 강화

ㅇ ESG 경영플랫폼, 투자플랫폼, 환경정보공개시스템 등을 연계(링크 제공)하여 통합 정보 제공

■ ‘ESG 경영지원 플랫폼’ 구축하여 국내외 동향, 정부지원정책*, ESG 자가진단 프로그램 등 ESG 경영 정보를 종합 제공(’23.1월)

* ESG 컨설팅, 융자사업 등 중소기업 지원사업을 한눈에 볼 수 있도록 구성

■ ESG 투자 플랫폼(’21.12월 구축)은 모바일 서비스 개시, 정보 제공 다양화* 등을 통해 고도화(’22.11월)

* 기업의 재무정보와 ESG 평가등급을 결합한 시계열 정보 등

【 ESG 플랫폼 간 연계방안(안) 】

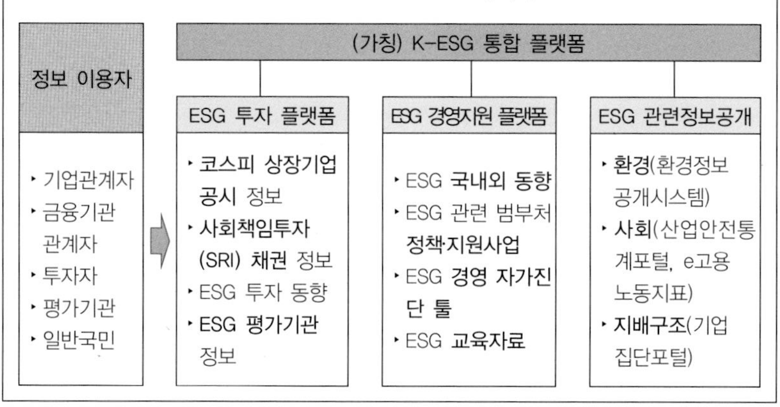

ㅇ 부처별로 운영중인 환경정보(E), 노동·산업안전(S), 기업지배구조(G) 등 ESG 분야별 정보에 대한 접근성과 활용성 제고

■ 환경정보는 공개항목을 정량평가 항목 위주로 개편 추진하고 환경정보 공개시기를 단축*(‘24년~)

* (현행) 6월말까지 전년도 정보 등록후 12월말에 공개 → (개선) 6월 선공개후 검증

■ 산업안전은 법령·지침 등의 재해 예방 자료 및 각종 산재 조사 통계 등을 통합 제공하도록 정보제공방식* 개선(‘22.12월)

* 과거 지침 또는 과거 사고사례 제시 → 최신 사고 사례·법령·사업장 산재예방관련 지침 등 사고예방에 필요한 자료 일체 제공

■ 지배구조는 주요 정보항목의 인포그래픽화, 타기관 정보 제공사이트로의 연결링크 생성 등 기업집단포털* 고도화(‘23.1월)

* 대기업집단의 지배구조 개선 우수사례를 포털을 통해 다양하게 제시

2 ESG 전문인력 양성

ㅇ 국내의 ESG 관련 분야 인력(국제표준화기구(ISO) 인증심사원, 경영컨설턴트 등)을 ESG 전문가로 전환('22.12월)

* ESG 관련 전문교육·실무교육 등을 제공하며 '23년 최대 300명 육성

▪ 공급망 실사, ESG 평가 등 기업 수요가 높은 분야에 집중

ㅇ 환경 분야 인력 대상으로 ESG 평가·경영컨설팅·정보공개 교육과정을 제공하여 환경정보공개제도 검증위원 자격 부여('23년)

ㅇ 국내 ESG 전문가와 해외 연구기관의 공동연구·포럼 등을 추진하여 글로벌 ESG 전문가 역량 강화

ㅇ 특성화 대학원·지역거점 대학교 등에 ESG 교육과정(커리큘럼, '23년)을 개설하고 교육수요 등 감안해 장기 학위과정 개설 검토

▪ 경영·평가·공급망 실사 등 ESG 분야별* 교육프로그램을 운영하는 ESG 특성화 대학원 개교 추진('24년~)

* ESG 경영·투자·평가·컨설팅, 환경·사회·기업지배구조 등 분야별 석사 과정 개설

5. 공공부문 ESG 경영 및 투자 선도

◇ 공공기관·연기금 등 공공부문의 ESG 경영·투자 선도로 민간 ESG 자발적 혁신 유도

1 공공기관의 ESG 경영 촉진

ㅇ ESG 위원회 구성(공기업·준정부기관), ESG 공시항목 확대* 및 경영평가 반영·환류를 통해 공공기관의 ESG 경영 역량 강화

* ('21) 온실가스 감축실적 등 11개, ('22) 에너지 사용량 등 10개, ('23) ESG위원회(예) 등

ㅇ 환경·안전 등 분야별 관련정보 제공을 통해 중소기업의 ESG 경영 도입 지원

* (환경) 환경책임투자 종합 플랫폼, (안전) 공공기관 CEO 안전교육 프로그램 알리오플러스 공개 등

② 연기금 등 ESG 투자 확대

ㅇ 국민연금기금의 ESG 통합전략(ESG 요소 고려해 투자결정) 적용 자산군 확대(국내 → 해외 주식 · 채권)

■ 국민연금기금의 탈석탄 투자 선언 이행을 위한 석탄채굴·발전산업 투자제한 전략 마련 추진

ㅇ 산업은행 탄소넷제로 프로그램('22년, 2,700억원) · 탄소스프레드*('22년, 5조원) 등 정책금융기관의 ESG 금융지원 확대

* 기업의 감축설비 설치, 저탄소 설비전환 지원 등에 대해 정부 이차보전

6. 추진체계 : (가칭) 민관합동 ESG 협의회 설치

ㅇ (추진배경) 부처간, 정부 · 기업간 긴밀한 소통을 통한 ESG 정책 마련 필요성 제기

ㅇ (역할) 부처간 유기적 협업과 폭넓은 현장의견 수렴을 위한 소통 창구로서 기능

ㅇ (운영) 기재부 차관 주재로 회의 개최('23년초 kick-off 회의 개최)

ㅇ (구성) 기재부 차관 주재, 관계부처 차관 + 민간전문가

* 산업부, 환경부, 중기부, 행안부, 고용부, 금융위, 공정위 등

【 민관합동 ESG 협의회 】

구성	■ 기재부 1차관 주재, 관계부처 차관 + 민간전문가
기능	■ 부처별 ESG 관련 정책 협의 · 조정 ■ 기업계 · 금융계 등 민간 의견 수렴
주요논의사항	■ ESG 공시 논의동향 및 정책과제 ■ ESG 경영 · 투자 논의 동향 및 활성화 방안 ■ ESG 발표 정책 추진실적 점검 ■ ESG 관련 법 · 제도 개선에 관한 사항

Ⅴ. 기대효과

1 ESG 인프라 고도화를 통해 국제 ESG 흐름에 능동적 대응

○ 공시기준·의무화 일정 등 마련을 통해 국내기업 ESG 경영의 투명성·비교가능성을 높이고, 평가가이던스 등을 통해 ESG 평가 신뢰성 제고

○ 부족한 전문인력을 보완하고 통합적 정보를 제공하며, 민간기업·투자기관의 ESG 확산 지원

○ 기업과 정부간의 일원화된 소통 협의체 구축을 통해 정책의 실효성·일관성 제고

→ 글로벌 ESG 확산에 대비해, 국내 실정에 맞는 ESG 인프라 구축

2 국내 중소·중견기업 부담완화·경쟁력 제고

○ 국내 ESG 경영 요구 확대에 대비해 교육·컨설팅 등 지원 강화로 중소·중견기업의 ESG 경영 부담 완화

* ESG 이행 가능한 기업으로 글로벌 산업구조 재편 가능

○ 우리 수출·협력기업의 ESG 역량 제고를 통해 ESG 대응력 향상

→ 글로벌 ESG 제도화를 우리기업의 기회요인으로 활용

※ [참고] 국제 ESG 규율이 국내기업에 미치는 영향

ㅇ (공시국제표준화) ISSB의 국제기준은 전세계적으로 최소의 통일기준으로 적용 전망 → 우리 수출・협력 기업이 동 기준에 따라 국제 공시 필요

ㅇ (탄소국경조정제도) 탄소배출이 많고 수출 비중이 높은 플라스틱・유기화학품 산업에 타격 예상(한국 CBAM 적용 품목(9개)의 대EU 수출규모 연평균('19~'21년) 55.1억불)

ㅇ (공급망실사) 실사이행, ESG 전문인력채용, 컨설팅・교육 등으로 인한 비용상승으로 우리 수출・협력기업의 경쟁력 약화(자동차 부품사, 반도체 산업 등 우선 타격)

③ 국내 ESG 경영・투자 활성화를 통해 공정사회 구현

ㅇ 우리 기업이 재무적 이익뿐 아니라, 환경・사회・기업지배구조 등 사회적 책임을 추구하도록 유도

ㅇ 양극화, 저출산・고령화, 환경오염 등 사회적 문제 해결에 있어 민간 기업・투자기관의 역할 강화

Ⅵ. 향후 추진계획

과 제	'23년	'24~'25년	담당 부처
1 ESG 공시제도 정비			
❶ 공시 국제표준화			
▸ESG 공시 표준화 논의 참여			금융위
▸ESG 국내 공시기준 마련			금융위
▸ESG 공시 의무화 방안 마련			금융위
❷ 공시·정보공개제도 연계 강화			기재부, 금융위, 환경부, 고용부, 공정위
2 중소기업 지원 강화			
❶ 중소·중견기업 ESG 경영 확산			
▸K-ESG 가이드라인 고도화			산업부
▸체크리스트·자가진단 고도화			중기부
▸교육·컨설팅 강화			산업부, 중기부, 고용부
▸인센티브 제공			조달청, 금융위, 중기부, 산업부
❷ 수출·협력 중소기업 지원 강화			-
▸ESG 공급망 실사 대응력 향상사업			산업부
3 ESG 투자 활성화			
❶ ESG 채권 발행·투자 활성화			
▸녹색분류체계 시행			환경부
▸사회적채권 가이드라인 마련			기재부
▸사회적분류체계 마련			기재부, 산업부
▸지속가능채권 가이드라인 마련			기재부 등
▸ESG 지수 다양화 및 SRI채권 사후보고 강화			금융위
❷ ESG 평가기관 가이던스			
▸ESG 평가기관 가이던스 마련 및 확산			금융위

4 ESG 정보·인력지원체계 구축	-
❶ ESG 정보제공·이용 활성화	
▸ESG 플랫폼간 연계 강화	산업부, 중기부, 기재부, 환경부, 고용부, 공정위
▸ESG 경영지원 플랫폼 구축	산업부, 중기부
▸환경정보·산업안전·기업집단 포털 고도화	환경부, 고용부, 공정위
❷ 전문인력 양성	
▸ESG 관련분야 인력을 ESG 전문가로 전환	산업부, 환경부
▸대학원내 ESG 교육과정 신설	산업부, 환경부
▸ESG 특성화 대학원 개교	산업부, 환경부
5 공공기관의 ESG 경영 및 투자 선도	
❶ ESG 경영 촉진	
▸공공기관 ESG 공시항목 확대	기재부
❷ 연기금 투자 확대	
▸국민연금 ESG 투자 확대	보건복지부
▸정책금융기관 지원 확대	금융위, 환경부
6 민관합동 ESG 협의회 설치	기재부 등

02

<ESG마인드> 자격검정 문제출제 유형

01. ESG의 구성 요소에 대한 설명으로 올바른 것은?

① ESG에서 지배구조(G)는 기업이 사람들과 공동체에 긍정적 영향을 주기 위해 노력하는 것이다.

② 지역사회를 돕고 모든 사람이 공평하게 대우받도록 하는 활동은 ESG의 지배구조이다.

③ ESG의 지배구조는 기업이 결정을 내리고 모든 사람이 결정과정에 공정하게 참여할 수 있도록 하는 것이다.

④ 직원들에게 좋은 근무환경을 제공하는 것은 ESG의 지배구조 활동이다.

02. ESG 중 사회(S)측면의 핵심이슈는?

① 다양성 존중 ② 기후변화

③ 효과적인 이사회 ④ 윤리적 기업

03. 기업의 성적 평가에 ESG를 반영하고 있는데 ESG를 평가하는 기관은?

① 블랙록(Black rock) ② GRI

③ CDP ④ 무디스(Moody's)

04. 1992년 리우선언의 3대 협약에 포함되지 않는 것은?

① 기후변화 협약 ② 물 관리 협약

③ 생물 다양성 협약 ④ 사막화 방지 협약

05. 다음에서 설명하고 있는 것은?

- 기업이나 기관이 환경 보호, 사회적 책임, 기업 경영 방식 등의 영역에서 자신들의 활동을 설명할 수 있는 일련의 규칙(상세 지침 매뉴얼 등)
- 2000년 첫 번째 지침을 발표했고 2016년에 Standard를 도입

① GRI ② TCFD

③ ISSB ④ SASB

06. 다음에서 설명하고 있는 TCFD의 영역은?

기후 관련 위험과 기회가 기업의 리더십과 의사결정 프로세스에 어떻게 통합되는가?

① 거버넌스 ② 전략
③ 위험관리 ④ 지표와 목표

07. 다음에서 세계경제포럼(WEF)이 이해관계자 자본주의 측정이라는 제목의 포럼에서 제시한 네 가지 중요영역 중 무엇에 대한 설명인가?

의사결정 과정의 윤리적 행동, 책임, 투명성에 중점을 두고 기업을 관리하고 이끄는 방법

① 거버넌스 ② 지구
③ 사람 ④ 번영

08. 다음에서 ESG와 관련한 법 중 관련이 있는 것은?

제품을 살 때 그 제품이 환경에 얼마나 좋은지, 안전한지 등에 대한 정보를 구매하는 사람에게 알려주는 것으로 우리가 간식을 먹을 때 간식의 성분이 건강에 얼마나 좋은지 알고 싶은 것과 같은 의미이다

① 무역과 연계한 법률 ② 공급망 실사 의무
③ 기업정보 공개 의무 ④ 제품정보 공개 의무

09. 다음에서 기업정보 공개의무와 관련된 ESG 법률은?

① EU(유럽연합) 강제노동 결부 상품 수입 금지 규정
② 프랑스 기업실사 의무법
③ 영국 현대판 노예 방지법
④ 미국 증권거래위원회(SEC)의 기후공시 법률

10. 다음의 EU 지속가능한 기업실사 법률의 요구사항이 설명하는 것은?

인권, 환경, 거버넌스(기업 운영방식)와 관련해 자사의 활동이나 공급망에서 나타날 수 있는 실제적 또는 잠재적인 부정적 영향을 찾아내고 평가

① 내재화 ② 식별 및 평가
③ 예방, 완화, 시정 ④ 고충처리시스템 구축

11. 다음 내용 중 EU의 기업 지속가능성 보고지침 요구사항은?

기업이 직면할 수 있는 주요 지속가능성 위험과 그 위험을 관리하기 위한 방안 보고

① 지속가능성 목표 ② 역할과 정책
③ 실사 과정 ④ 위험 관리

12. 다음에서 설명하는 기구는?

기업이나 정부 같은 기관들이 얼마나 많은 온실가스를 배출하는지 계산하고 그 정보를 알려주는 국제적인 규칙으로 1997년에 세계자원연구소(WRI)와 세계지속가능발전기업협의회(WBCSD)에 의해 만들어졌다.

① GRI ② ISO
③ GHG ④ SASB

13. 다음 중 ISO 26000에서 다루는 주제가 아닌 것은?

기업이나 정부 같은 기관들이 얼마나 많은 온실가스를 배출하는지 계산하고 그 정보를 알려주는 국제적인 규칙으로 1997년에 세계자원연구소(WRI)와 세계지속가능발전기업협의회(WBCSD)에 의해 만들어졌다.

① 지배구조 ② 인권
③ 소비자 이슈 ④ 정부규제

14. GSIA(글로벌 지속가능투자연합)의 투자 방식 중 긍정적인 ESG 성과를 보이는 기업에 투자하는 방식은?

① 포지티브 스크리닝 ② 법률 기반 스크리닝
③ ESG 통합 ④ 네거티브 스크리닝

15. CDP(탄소정보공개프로젝트)에 다루는 주제가 아닌 것은?

① 기후변화 ② 사막화 방지 ③ 수자원 ④ 산림자원

16. 다음에서 설명하는 ESG 프레임워크는?

- 전 세계적으로 기후 변화에 맞서고 있는 기업들에게 과학적 근거를 바탕으로 온실가스 감축 목표를 설정하도록 돕는 조직
- 기업들이 기후 변화에 대응하기 위해 설정하는 감축 목표가 글로벌 온도 상승 제한 목표에 부합하는지를 과학적으로 검증하는 역할을 한다.

① 기후정보공개표준위원회 ② AccountAbility
③ 국제통합보고위원회 ④ 과학기반 목표설정 이니셔티브

17. 생물 다양성의 유형 중 다음에서 설명하는 것은?

숲에서 발견되는 수많은 식물과 동물 종을 포함해서 다양한 종류의 동식물이 서로 다른 환경에서 살아가는 것

① 유전자 다양성 ② 종 다양성
③ 생태계 다양성 ④ 숲 다양성

18. 다음 중 순환경제에 대한 설명은?

① 자원을 쓰고 버리는 것이다.
② 제품과 재료가 가능한 오래 돌려쓰도록 설계된다.
③ 사용된 자원은 바로 폐기한다.
④ 순환경제 접근 방식은 자원을 절약하고 환경을 보호하지만 경제적으로 손실이 발생한다.

19. DE&I의 원칙 중 다음이 설명하는 것은?

- 모든 사람이 자신이 속한 곳에서 존중받고 가치 있게 여겨진다고 느낄 수 있는 환경을 만드는 것
- 모든 사람들이 자신의 의견을 자유롭게 표현할 수 있고, 결정 과정에 참여할 수 있으며, 자신이 속한 공동체의 중요한 일원으로 인정받는 것

① 형평성(공평성)　② 다양성
③ 개별성　④ 포용성

20. 유엔 기후변화협약에서 지목한 지구의 온도를 상승시키는 6대 온실가스에 포함되지 않는 것은?

① 수소(H)　② 이산화탄소(CO_2)
③ 메탄(CH_4)　④ 육불화황(SF6)

21. ESG는 단순히 좋은 일을 하는 것이다. (○, ×)

22. 2006년 UN PRI는 환경, 기업이 사람을 대하는 방식, 기업을 운영하는 방식 등을 고려하는 투자 원칙을 수립했다. (○, ×)

23. EU가 새로 시작한 탄소국경조정제도는 유럽으로 물건을 가져올 때 환경 보호 비용을 내는 것이다. (○, ×)

24. 네덜란드 아동노동 실사의무법은 기업들이 자신들이 판매하거나 제공하는 상품이나 서비스가 아이들의 노동에 의해 만들어진 것이 아닌지 확인하는 작업을 하도록 요구한 것이다. (○, ×)

25. 미국 캘리포니아 공급망 투명법에 따르면 기업에게 인신매매나 노예노동에 대해 물어본다면 1년 이내에 서면으로 답변을 주면 된다. (○, ×)

26. 기업의 제품이나 서비스를 만들고 판매하는 전체 과정에서 나오는 온실가스는 Scope 2라고 한다. (○, ×)

27. EU의 지속가능한 제품 에코디자인 규정에서 제시한 디지털 제품 여권에는 제품을 만들 때 사용한 원재료, 제품을 올바르게 사용하는 방법, 폐기 정보 등이 포함되어 있다. (○, ×)

28. CRD는 기업이나 조직이 얼마나 환경에 친화적이고 사회적으로 책임감을 갖고 있는지 보여주는 보고서를 어떻게 작성해야 하는지 알려주는 일종의 길잡이 역할을 하는 비영리 기구이다. (○, ×)

29. AccountAbility는 1995년 영국에서 시작된 비영리 단체로, 회사들이 얼마나 친환경적이고 사회적으로 책임감 있게 운영되고 있는지를 검증하는 국제적인 기준을 만든다. (○, ×)

30. 유엔글로벌콤팩트(UNGC)의 10대 원칙은 사람들을 존중하고, 공정한 노동환경을 만들며, 지구를 보호하고 부패를 방지하는 것을 목표로 한다. (○, ×)

31. 투자자들이 담배를 만드는 기업이나 무기를 제조하는 기업 같은 곳은 '투자하지 않기' 목록에 올려서 돈을 주지 않기로 하는데 이것을 (　　　　　)이라고 한다.

32. 2017년에 설립된 (　　　　　)는 전 세계 기업이 기후 변화가 비즈니스에 어떤 영향을 미칠 수 있는지 명확히 알리기 위해 구성된 그룹이다.

33. (　　　　　)이란 지구상의 모든 생명체가 가진 다양성으로 각각의 생물이 자신의 역할을 하며 생태계를 건강하게 유지하는데 기여한다.

34. ( )란 자연에서 지속적으로 공급되는 에너지원에서 얻어지는 에너지로 바람(풍력), 물(수력), 태양광(태양 에너지), 지열 및 바이오 연료 같은 자원이 포함된다.

35. 지구온난화 지수(GWP)는 다양한 온실가스가 지구를 얼마나 따뜻하게 만드는지를 비교하는 수치로 각 온실가스가 지구 온난화에 미치는 영향은 다르기 때문에, 과학자들은 ( )를 기준으로 각 가스의 온난화 기여도를 측정했다.

36. ( )이란 한 조직이 제품이나 서비스를 만들고 고객에게 전달할 때까지의 모든 과정으로 이 과정에는 제품을 디자인하고, 원재료를 구입하고, 제품을 제조하고, 판매하며, 고객에게 서비스를 제공하는 일련의 활동이 포함된다.

37. ( )은 우리가 자연 환경을 잘 보호하고, 기후 변화에 효과적으로 대응하면서도, 사회가 건강하게 성장할 수 있도록 하는 개념이다.

38. ( )은 탄소 배출 제로 100%를 의미하며 전체 전력을 무탄소 에너지로만 공급하는 것이다.

39. 전 세계적으로 기업들이 어떻게 환경을 보호하고, 사회적 책임을 다하는지, 좋은 의사결정 구조를 갖추고 있는지에 대해 명확하고 일관된 방식으로 정보를 공개할 수 있도록 표준을 만드는 곳으로 2021년 11월에 국제회계기준재단에 의해 설립된 기관은 무엇인가?

40. 자연에 해를 끼치지 않고 오히려 도움을 주는 방향으로 세계의 돈이 흐르게 하려는 국제적인 노력의 일환으로 유엔개발계획(UNDP)과 세계자연기금(WWF) 등 여러 중요한 기관들이 2021년 6월에 함께 만든 기관은 무엇인가?

정답과 해설

01. ③

① ESG에서 사회(S)는 기업이 사람들과 공동체에 긍정적 영향을 주기 위해 노력하는 것이다.

② 지역사회를 돕고 모든 사람이 공평하게 대우받도록 하는 활동은 ESG의 사회(S)활동이다.

④ 직원들에게 좋은 근무환경을 제공하는 것은 ESG의 사회(S) 활동이다.

02. ①

환경(E) 측면은 기후변화와 탄소배출이 핵심이슈이고 지배구조(G) 측면은 효과적인 이사회 운영, 감사위원회 역할 강화, 윤리적 기업 행동이다.

03. ④

신용평가기관들은 무디스(Moody's), 피치(Fitch Ratings), 그리고 S&P (Standard & Poor's)가 있다.

04. ②

리우 선언을 통해 세계 3대 환경 협약인 기후 변화 협약, 생물 다양성 협약, 사막화 방지 협약이 탄생했다.

05. ①

1997년에 GRI는 기업이나 기관이 환경 보호, 사회적 책임, 기업 경영 방식 등의 영역에서 자신들의 활동을 설명할 수 있는 일련의 규칙(상세 지침 매뉴얼 등)을 만들었고 2000년에 GRI의 첫 번째 지침을 발표했다. GRI는 여러차례 업데이트를 하여 2016년에는 GRI Standards를 도입했다.

06. ①

기후 관련 위험과 기회가 기업의 리더십과 의사결정 프로세스에 어떻게 통합되는가는 TCFD중 거버넌스에 관한 항목이다.

07. ①

네 가지 영역 중 거버넌스는 의사결정 과정의 윤리적 행동, 책임, 투명성에 중점을 두고 기업을 관리하고 이끄는 방법이다.

08. ④

ESG 관련 법률 중 제품정보 공개 의무와 관련한 내용이다.

09. ④

증권거래위원회(SEC)는 증시에 상장된 모든 회사가 얼마나 많은 온실가스를 배출하는지, 그리고 기후 변화 같은 환경 문제가 우리 회사의 사업에 어떤 영향을 미치는지를 알 수 있도록 공개한 법률은 기업정보 공개의무와 관련된 ESG 법률이다.

10. ②

EU 지속가능한 기업실사 법률에서 인권, 환경, 거버넌스(기업 운영방식)와 관련해 자사의 활동이나 공급망에서 나타날 수 있는 실제적 또는 잠재적인 부정적 영향을 찾아내고 평가하는 것을 식별 및 평가라고 한다.

11. ④

EU의 기업 지속가능성 보고지침 요구사항 중 위험관리는 기업이 직면할 수 있는 주요 지속가능성 위험과 그 위험을 관리하기 위한 방안 보고이다.

12. ③

GHG Protocol(온실가스 회계처리 및 보고기준)은 기업이나 정부 같은 기관들이 얼마나 많은 온실가스를 배출하는지 계산하고 그 정보를 알려주는 국제적인 규칙으로 1997년에 세계자원연구소(WRI)와 세계지속가능발전기업협의회(WBCSD)에 의해 만들어졌다.

13. ④

ISO 26000은 지배구조(회사가 어떻게 관리되고 있는지), 인권(사람들의 권리 존중), 노동 관행(직원들의 근무 환경), 환경(지구 보호), 공정 거래(정직하고 투명한 비즈니스 행동), 소비자 이슈(소비자 권리 보호), 지역사회 참여 및 개발(사회에 기여하는 방법) 등 크게 7가지 주제를 다루고 있다.

14. ①

긍정적인 ESG 성과를 보이는 기업에 투자하는 '포지티브 스크리닝'이다.

15. ②

CDP(탄소정보공개프로젝트)에서 다루는 주제는 기후변화, 수자원, 산림자원이다.

16. ④

과학기반 목표 설정 이니셔티브(SBTi)는 전 세계적으로 기후 변화에 맞서고 있는 기업들에게 과학적 근거를 바탕으로 온실가스 감축 목표를 설정하도록 돕는 조직이며 기업들이 기후 변화에 대응하기 위해 설정하는 감축 목표가 글로벌 온도 상승 제한 목표에 부합하는지를 과학적으로 검증하는 역할을 한다.

17. ②

생물 다양성 중 종 다양성에 대한 설명이다.

18. ②

순환경제의 핵심은 재생 가능한 자원 사용, 제품의 재사용 및 재활용, 폐기물 제거 세 가지이다.

19. ④

포용성은 모든 사람이 자신이 속한 곳에서 존중받고 가치 있게 여겨진다고 느낄 수 있는 환경을 만드는 것으로 포용적인 환경에서는 모든 사람들이 자신의 의견을 자유롭게 표현할 수 있고, 결정 과정에 참여할 수 있으며, 자신이 속한 공동체의 중요한 일원으로 인정받는 것이다.

20. ①

유엔기후변화협약에서 지목한 6대 온실가스는 이산화탄소(CO_2), 메탄(CH_4), 아산화질소(N_2O), 수소불화탄소(HFCs), 과불화탄소(PFCs), 육불화황(SF6)이다.

21. ×

ESG는 단순히 좋은 일을 하는 것을 넘어서 기업이 장기적으로 성공하고 지속 가능하게 성장할 수 있도록 돕는 중요한 역할을 한다.

22. ○

ESG는 단순히 좋은 일을 하는 것을 넘어서 기업이 장기적으로 성공하고 지속 가능하게 성장할 수 있도록 돕는 중요한 역할을 한다.

23. ○

EU가 새로 시작한 탄소국경조정제도는 유럽으로 물건을 가져올 때 환경 보호 비용을 내는 것이다.

24. ○

네덜란드 아동노동 실사의무법은 기업들이 자신들이 판매하거나 제공하는 상품이나 서비스가 아이들의 노동에 의해 만들어진 것이 아닌지 확인하는 작업을 하도록 요구하며 만약 그런 의심이 든다면 기업은 그 결과를 네덜란드 정부에 보고해야 한다.

25. ×

미국 캘리포니아 공급망 투명법에 따르면 기업에게 인신매매나 노예노동에 대해 물어본다면 30일 이내에 서면으로 답변을 주어야 한다.

26. ×

기업의 제품이나 서비스를 만들고 판매하는 전체 과정에서 나오는 온실가스는 Scope 3이다.

27. ○

디지털 제품 여권에는 제품을 만들 때 어떤 원재료를 사용했는지, 제품을 올바르게 어떻게 사용, 유지, 수리하고 최종적으로 어떻게 폐기해야 하는지 등의 정보가 포함된다.

28. ×

기업이나 조직이 얼마나 환경에 친화적이고 사회적으로 책임감을 갖고 있는지 보여주는 보고서를 어떻게 작성해야 하는지 알려주는 일종의 길잡이 역할을 하는 비영리 기구는 GRI이다.

29. ○

AccountAbility는 1995년 영국에서 시작된 비영리 단체로, 회사들이 얼마나 친환경적이고 사회적으로 책임감 있게 운영되고 있는지를 검증하는 국제적인 기준을 만든다.

30. ○

유엔글로벌콤팩트(UNGC)의 10가지 원칙들은 사람들을 존중하고, 공정한 노동 환경을 만들며, 지구를 보호하고, 부패를 방지하는 것을 목표로 한다.

31. **네거티브 스크리닝(Negative Screening)**

투자자들은 담배를 만드는 기업이나 무기를 제조하는 기업 같은 곳은 '투자하지 않기' 목록에 올려서 돈을 주지 않기로 하고 이걸 '네거티브 스크리닝(Negative Screening)'이라고 한다.

32. **기후 관련 재무공개 태스크포스(TCFD)**

2017년에 설립된 기후 관련 재무공개 태스크포스(TCFD, Task Force on

Climate -related Financial Disclosures)는 전 세계 기업이 기후 변화가 비즈니스에 어떤 영향을 미칠 수 있는지 명확히 알리기 위해 구성된 그룹이다.

33. 생물 다양성

생물 다양성이란 지구상의 모든 생명체가 가진 다양성으로 각각의 생물이 자신의 역할을 하며 생태계를 건강하게 유지하는데 기여한다.

34. 재생 에너지 또는 재생 가능 에너지

재생 가능 에너지란 자연에서 지속적으로 공급되는 에너지원에서 얻어지는 에너지로 바람(풍력), 물(수력), 태양광(태양 에너지), 지열 및 바이오 연료 같은 자원이 포함된다.

35. 이산화탄소 또는 CO^2

과학자들은 이산화탄소(CO^2)를 기준으로 각 가스의 온난화 기여도를 측정했다.

36. 가치사슬(Value Chain)

가치사슬이란 한 조직이 제품이나 서비스를 만들고 고객에게 전달할 때까지의 모든 과정으로 이 과정에는 제품을 디자인하고, 원재료를 구입하고, 제품을 제조하고, 판매하며, 고객에게 서비스를 제공하는 일련의 활동이 포함된다.

37. 지속가능성(Sustainability)

지속가능성은 우리가 자연 환경을 잘 보호하고, 기후 변화에 효과적으로 대응하면서도, 사회가 건강하게 성장할 수 있도록 하는 개념이다.

38. CF 100

CF 100은 탄소 배출 제로 100%를 의미하며 전체 전력을 무탄소 에너지로만 공급하는 것이다.

39. 국제지속가능성기준위원회(ISSB)

전 세계적으로 기업들이 어떻게 환경을 보호하고, 사회적 책임을 다하는지, 좋은 의사결정 구조를 갖추고 있는지에 대해 명확하고 일관된 방식으로 정보를 공개할 수 있도록 표준을 만드는 곳으로 2021년 11월에 국제회계기준재단에 의해 설립된 기관은 국제지속가능성기준위원회(ISSB)이다.

40. 자연 관련 재무정보공개 태스크포스(TNFD)

자연 관련 재무정보공개 태스크포스(TNFD)는 자연에 해를 끼치지 않고 오히려 도움을 주는 방향으로 세계의 돈이 흐르게 하려는 국제적인 노력의 일환으로 유엔개발계획(UNDP)과 세계자연기금(WWF) 등 여러 중요한 기관들이 함께 만들어 2021년 6월에 시작되었다.

COLiVE, ESG 워크숍 안내

지역에서 시작하는 ESG 아이템 창출과정
"ESG Innovators"

1. 프로그램 개요

- 참가자들이 ESG 개념을 이해하고, 지역의 문제와 기회를 창출할 수 있도록 도와주는 1일 6시간 과정입니다.
- 이 과정을 통해 ESG 원칙에 따른 지속 가능한 아이템을 발굴하고, 이를 실제 현장에서 적용할 수 있는 역량을 키우기 위함입니다.

2. 프로그램 목표

- 참가자들이 ESG 개념과 중요성을 이해하고 실제 현장에서 적용할 수 있는 능력 배양
- 지역사회의 환경(E), 사회(S), 지배구조(G) 관련 이슈와 기회를 파악하고 이를 해결할 수 있는 방안 마련
- 참가자 간의 협력 및 네트워킹을 촉진하여 지역사회 발전에 기여

3. 프로그램 주요내용

- OT 및 프로그램 소개 (30분)
  - 참가자들과 운영진 소개, 프로그램 목적 공유
  - 성공적인 창업을 위한 요소 및 전략 소개
- ESG 개념 및 사례 소개 (60분)
  - ESG 기본개념 소개
  - ESG 기반의 창업사례 소개
- 지역사회의 ESG 이슈 및 기회 탐색 (60분)
  - 참가자들이 지역사회의 환경(E), 사회(S), 지배구조(G) 관련 이슈를 탐색할 수 있는 스킬 함양
- 휴식시간 (20분)

- 아이템 도출을 위한 브레인스토밍 (60분)
  - 이슈 및 기회 탐색에서 나온 아이디어를 기반으로 아이디어를 발굴하고 토론
- 아이디어 프로토타이핑 도출 (60분)
  - 도출한 아이디어를 구체화하고 초기 프로토타입 작성
- 피드백 및 아이디어 개선 (60분)
  - 참가자들이 다른 참가자들의 아이디어를 피드백하고, 아이디어 개선
- 아이디어 발표 및 평가 (60분)
  - 참가자들이 최종 아이디어를 발표하고 평가기준에 따라 우수 아이템 선정
- 종합 및 마무리 (30분)
  - 수료증, 설문조사 등

4. 참여대상

- 대학생, 기업, 사회적경제 중간지원조직, 창업지원기관 등

5. 프로그램 특이점

- 사회적경제 창업교육, 멘토링 전문가집단 퍼실리테이터가 참여하여 프로젝트 진행
- ESG전문가 참여
- ESG 스타트업을 전문적으로 육성하고자 하는 기관의 맞춤형 프로그램 설계 및 제안

참/고/문/헌

한광식, 박종철, 이종현 (2024), ESG창업 가이드북, 이프레스.

김경식 (2023), 착한 자본의 탄생, 어바웃어북.

심보균 (2023), ESG 공공기관, 지방자치단체의 역할과 교육, 한국ESG학회 제2회 세계ESG포럼.

유승권, 윤설화 (2023), ESG Handbook Governance, 사회적가치연구원.

허남식 (2023), 한국ESG학회의 진단과 대처, 한국ESG학회 제2회 세계ESG포럼.

한광식, 박종철, 이종현 (2023), ESG컨설팅, 이프레스.

대한상공회의소 (2022), 지속가능경영을 위한 기업 가이드 ESG A to Z.

박종철 외 (2022), ESG레볼루션, 캐피털북스.

관계부처 합동 (2022), 기업 경쟁력 제고와 지속 가능 경제구축을 위한 ESG 인프라 고도화 방안.

코트라, 법무법인 지평 (2022), 중소중견기업을 위한 ESG 통상 정책·규제 대응 핸드북, 코트라 통상협력팀.

대한상공회의소, 삼정KPMG (2021), 중소·중견기업 CEO를 위한 알기 쉬운 ESG.

박영주 (2021), ESG Handbook Social, 사회적가치연구원.

박종철 외 (2021), ESG 경영과 법률, 도서출판 정독.

이동현, 정운채 (2021), ESG Handbook Basic, 사회적가치연구원.

이동현, 정운채 (2021), ESG Handbook Environmental, 사회적가치연구원.

환경부 (2021), 탄소중립 생활 실천 안내서 - 가정편, 환경부 신기후체제대응팀.

환경부 (2021), 탄소중립 생활 실천 안내서 - 기업편, 환경부 신기후체제대응팀.

한광식 (2018), 컨설턴트에 도전한다, 이프레스.

한광식 (2017), 창업과 기업가정신, 이프레스.

박봉수 (2015), 잠자는 창의력을 깨워라, 호이테북스.

이선영 (2015), 1인 창업이 답이다, 갈라북스.
조준동 (2015), 창의융합 프로젝트 아이디어북, 한빛아카데미.
한광식 (2015), 돈 버는 아이디어로 재테크하기, 이프레스.
최현규 외 (2013), 아이디어 보호 매뉴얼, 창조경제타운.
김태식 외 8명 (2012), 고등학교 창의적 사고기법, 서울특별시교육청.
조연순 외 2명 (2008), 창의성 교육, 이화여자대학교출판부.
현대경제연구원 (2004), 창의와 혁신의 핵심 전략, 청림출판.

찾/아/보/기

대표저자 소개

한광식(Han, Kwang Sik) kshan@kcce.or.kr

- 한국전문대학교육협의회 산학교육혁신연구원장
- 전문대학평생직업교육협회(COLIVE) 사무총장
- 전문대학창업교육네트워크(CEEN) 회장
- 국가교육위원회 직업·평생교육 특별위원회 위원
- 대통령직속 지방시대위원회 평가자문단 위원
- 창업진흥원 시민혁신위원회 위원
- 중소기업정책심의회 지역분과위원회 전문위원(중소벤처기업부)
- (사)지역특화자원사업화연구센터 이사장(농림축산식품부)
- 한국ESG학회 부회장 겸 사회공헌위원장
- 김포대학교 교수 역임
- 지역특화발전특구위원회 민간위원(부위원장) 역임
- 한국창업교육협의회 부회장 역임

강수진(Kang, Su Jin) esgsmcno1@gmail.com

- ㈜에셈시 대표이사
- 충북지방중소벤처기업청 전문위원
- 한국표준협회(KSA) 전문위원
- 중소벤처기업진흥공단 외부전문가
- 중소벤처기업인증원 ESG 수준진단 심사원
- 충청북도 ESG 협의체 위원
- ESG 공급망 평가관리사(제 C-2024-0001066호)
- 한국ESG학회 부회장 겸 사회공헌위원장
- GRI Certified Training Course(C47011, BSI Korea)
- ESG 검증평가사(제KESG 23-005호)
- Certified ESG Auditor(No. 2023-003477, 한국준법진흥원)

차세대 리더의 ESG 핵심 가이드

ESG마인드 자격검정 표준교재

초판발행 2024년 7월 5일 **1판 1쇄 인쇄** | 2024년 7월 10일 **1판 1쇄 발행**

지은이 COLiVE ESG실천본부, 한국환경산업협회
펴낸이 최용구 | **펴낸곳** 도서출판 **이프레스**
주소 (04316) 서울시 용산구 원효로 89길 19 (원효로1가)
전화 02) 537-1720(영업부), 537-1721(편집부), 537-1711(팩스)
이메일 epress01@naver.com | **홈페이지** www.epress1.com
등록 2009년 12월 10일 제16-2710호
기획마케팅 최용구 장만동 송대용 최충구 | **책임편집** 석기은 황가연

SBN 979-11-91348-61-3 93320
정가 15,000원